Portraits
Acteurs du cinéma français

Ouvrage réalisé avec le soutien d'UPM-Kymmene
Imprimé sur papier UPM Finesse

UPM

Entretiens conduits et rédigés par Romain Sublon
Photographies : Stéphane Louis / Arthénon
Conception graphique : Loïc Sander / Arthénon
Direction éditorale : Wouter van der Veen
Stéphane Giraud
Arnaud Rothgerber

Arthénon, Strasbourg 2007
ISBN 2-916339-03-5
Dépôt légal octobre 2007
Achevé d'imprimer en septembre 2007
OTT Imprimeurs - Wasselonne

PORTRAITS

Acteurs du cinéma français

Romain Sublon - Stéphane Louis

ARTHENON
Photographie & Édition

Table des matières

Avant-propos

Par Stéphane Louis (photographe), Romain Sublon (auteur)
et Wouter van der Veen (Arthénon).

À l'image de la production d'un long métrage, la réalisation de cet ouvrage a été une aventure excitante et improbable. Un slalom géant entre agents soupçonneux et rendez-vous décalés, partenaires possibles et financements refusés ; entre attentes interminables et trajets sans fin, rencontres flottantes et moments de grâce… Avec autant de risques en termes de résultat, de distribution et de succès, mais aussi autant de plaisir et de volonté.

Le cinéma est une terre inconnue, aux frontières perméables, aux horizons larges. Ses habitants sont surprenants, inclassables, insoumis – parfois insaisissables. Son histoire s'écrit chaque jour, avec chaque film, chaque espoir, chaque carrière. Par essence, il n'a pas de nationalité. Après avoir rencontré 39 acteurs de notre exception culturelle, notre conclusion est *sans ambiguité* : le cinéma est fait de femmes et d'hommes, simples et complexes, écorchés vifs et sereins, pragmatiques et rêveurs. Et des autres.

Le cinéma que nous présentons dans ces pages est fait d'audace, de promesses, d'idées et d'errances. Notre livre ressemble à ce cinéma, sans compromis, sans dogme, sans autre limite que notre imagination. Nos *Portraits* sont une coupe transversale du cinéma français, en 40 rencontres. Ils relayent les regards d'acteurs et de réalisateurs connus et moins connus, nous permettant de partager avec le plus grand nombre la fascination que cet univers regorgeant de talent exerce sur nous. On nous opposera avec raison qu'il n'y a que 39 portraits dans ce livre. Le quarantième, c'est l'ouvrage en soi : une rencontre sans *a priori* avec un univers indéfinissable, dont les catégories sont une illusion, la nationalité une absurdité, et les limites un rêve.

À l'origine, il y a l'héritage familial. «*Je ne viens pas d'une famille d'artistes, qui tendait vers le cinéma ou l'autorisait. Je me destinais plutôt aux études, comme presque tout le monde dans ma famille. Mais les études, ça me fatiguait beaucoup: les devoirs, les contraintes, les horaires...*» sourit Aïssa Maïga. Puis vient le jour de l'affirmation de soi. «*Les raisons que j'avais de faire le métier d'acteur étaient au début assez nébuleuses. Ça s'est précisé au fil des rencontres. Jusqu'à ce que je me dise que la chose artistique et culturelle est assez grave et importante.*» Cette révélation salutaire porte un titre: ***Bamako***, le film d'Abderrahmane Sissako. «***Bamako*** *a été un tournant car ce film fait se rejoindre art et politique. Il m'a permis de m'ouvrir à d'autres films, sans ressentir le poids de la culpabilité.*»

S'il fallait un objectif, il serait peut-être de vivre un jour, une fois, le moment de grâce. Avec ***Bamako***, Aïssa Maïga l'a vécu au-delà du raisonnable. Elle s'est laissée envoûter par cette expérience exquise. Elle l'a dévorée avec l'appétit qui est le sien depuis qu'elle a goûté au cinéma. «*Il y a des films que l'on fait pour ce qu'ils racontent, d'autres pour les rencontres. Et parfois, il y a l'alchimie des deux, comme pour* ***Bamako***. *Abderrahmane Sissako est au-delà du metteur en scène. La qualité de sa présence et de son regard suffisent à mettre les gens en condition de donner et de créer.*»

Aïssa Maïga profite pleinement de ces instants de plaisir. Elle sait que le métier d'actrice n'est pas un long fleuve tranquille. Même si là encore, la culpabilité la rattrape. «*Il y a dans ce métier des moments de souffrance, mais sommes-nous en droit de nous plaindre?*» Non. Enfin si, quand même. Les souffrances évoquées par Aïssa Maïga, à l'origine de son seul film derrière la caméra, ne sont pas bénignes. «*J'ai commencé à écrire* ***Il faut quitter Bamako*** (2006) *quand j'étais vraiment désespérée, que je n'imaginais pas m'en sortir en France, où être une actrice noire est désastreux. Ce film, c'était presque une nécessité, un accident... heureux! Mais la mise en scène n'est pas ma voie.*»

Les années passent, la France recule. Et le cinéma, lieu *a priori* propice à l'ouverture, n'échappe pas au cloisonnement. Toutes les cultures n'ont pas un accès égal au septième art. «*Je ne demande pas aux gens de s'intéresser à cette question. Il y a eu le temps de la prise de conscience, mais je ne crois pas que celui de la création libre soit venu. En France, on est encore dans un rapport immature à l'histoire coloniale et à l'esclavage. Je préfère pour l'instant avoir accès à des rôles sans couleur. L'imaginaire est pollué et on n'échappe pas à certains réflexes racistes, même en conséquence d'une démarche de bonne intention. Depuis que je me dis que c'est leur problème, pas le mien, je me suis libérée de cela et ça induit autre chose dans mon rapport aux autres. C'est aussi une façon de me préserver.*»

Aïssa Maïga est une femme libérée. Derrière son sourire généreux et follement communicatif se cache une réalité qu'elle ne cesse de combattre. À sa façon, et portée par le poids d'une expérience métaphysique. «*Quand j'avais huit ans, j'ai saisi ce qu'était la mort jusque dans ma chair, et j'ai eu une vision de ce qu'était l'infini. Un truc absolument dingue qui a modifié mon rapport au temps et qui a poussé loin mon introspection. Ça m'a donné le goût d'investir le temps présent. Faire un boulot répétitif est pour moi impossible. C'est figer le temps. Le métier d'acteur me permet d'accepter cette peur terrible.*»

Aïssa Maïga, jugée coupable d'être actrice, s'acquitte désormais de sa peine avec légèreté et conviction.

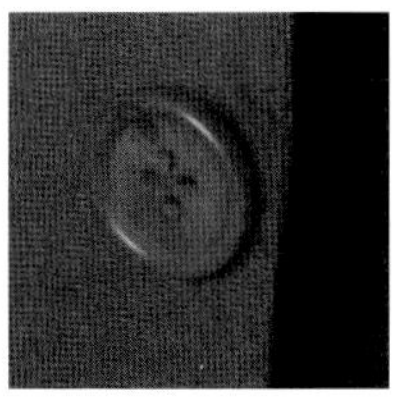

JEAN-PIERRE
DARROUSSIN

LIBRE COMME L'AIR

Pas simple de visser une ampoule quand on a les deux bras dans le plâtre. Moins simple encore de rencontrer Jean-Pierre Darroussin. Pourtant, il ne se prend pas pour une star inaccessible, pas le genre de la maison. Simplement, je l'espérais à Paris, il était à New York. Je le croyais de retour, il était en tournage à Marseille. Je finis par me dire qu'il va bien faire un saut, même de puce, à la capitale… Il s'en va dans une maison quelque part sur Terre, sans téléphone ni boîte aux lettres. Fataliste, je me dis que, tant pis pour Jean-Pierre Darroussin, ce livre paraîtra sans lui. Dommage. Quelques jours plus tard : happy end. Il a un peu de temps avant de… partir en Suède. Ouf ! Ce livre ne serait jamais paru sans le portrait de Jean-Pierre Darroussin, je le jure.

Tout le monde aime Jean-Pierre Darroussin. Une telle unanimité devrait être agaçante ; elle est rassurante. Pour une fois, ce n'est pas la médiocrité qui récolte les suffrages. Pour une fois, ce ne sont pas les cabotins qui emportent le morceau. Il est de la trempe des acteurs populaires que le public court voir à chaque nouveau film, avec la garantie de ne pas être déçu. Car Jean-Pierre Darroussin ne déçoit pas. Sa nonchalance pourrait tromper l'ami et ravir l'ennemi, faire croire à un détachement sur les choses de la vie et du cinéma. Il n'en est rien. Jean-Pierre Darroussin est un résistant qui ne brandit pas le poing. Il tient ce rôle un peu à part dans le cinéma français : faire le lien entre les films dits d'auteurs et les films dits commerciaux.

Acteur discret et populaire comme il n'en existe plus beaucoup, il plaît à des cinéastes très différents dont il devient l'unique point commun (Jean Becker, Jérôme Bonnell, Agnès Jaoui, Robert Guédiguian, Cédric Kahn, Jeanne Labrune, Marc Esposito, Christine Carrière). Sa filmographie crée des passerelles permettant de se balader d'un cinéma à l'autre, et sa popularité ouvre l'horizon aux spectateurs, qui lui font confiance. On fait volontiers confiance à Jean-Pierre Darroussin. Lui est adepte du contre-pied. « *Le cinéma français doit lutter avec l'esthétique dominante du cinéma américain* » lâche-t-il très vite. « *Ce qui est d'ailleurs valable dans tous les domaines… On est dans une époque où les producteurs sont moins des aventuriers. Aujourd'hui, il faut se caler sur les exigences de la télévision. Le cinéma français patauge aussi parce que la cinéphilie disparaît. Dans les années 70-80, c'était le rendez-vous majeur.* »

Il s'en souvient bien, ce sont les années de ses débuts. Jean-Pierre Darroussin rencontre Robert Guédiguian avec qui il va nouer une relation à la vie, à la mort ! « *Si Robert me propose un film, je le fais. Je n'ai aucune raison de refuser de poursuivre cette aventure qui dure depuis douze films. On fait œuvre commune. C'est le résultat d'une envie de jeunesse de former une troupe de cinéma. Maintenant, la difficulté, c'est de vieillir ensemble. Qu'est-ce qu'il en sera quand on aura 70 ans ?* [Il rigole.] *Au cinéma, on ne peut jouer que les rôles de son âge, on ne peut pas inventer le réel. Une fois qu'on aura abordé les thèmes du vieillissement, on regardera les autres. Mais bon, 25 ans de troupe de cinéma, c'est déjà bien.* »

La troupe ! Voilà ce qui fait vibrer Jean-Pierre Darroussin, depuis le début. Inévitablement, on pense à son premier grand succès, ***Mes meilleurs copains*** (Jean-Marie Poiré, 1989), un film de bande. Et puis, il y a la connexion avec Jean-Pierre Bacri et Agnès Jaoui (***Cuisines et dépendances***, ***Un air de famille***, ***On connaît la chanson***, ***Le goût des autres***), la fidélité à Jeanne Labrune (***Ça ira mieux demain***, ***C'est le bouquet !***, ***Cause toujours !***) et, on y revient, la rencontre avec Robert Guédiguian.

La troupe, comme une idée obsédante. Acteur de théâtre, aussi… Surtout ? « *Le théâtre est une évidence. Le cinéma l'est aussi, pour son immédiateté. C'est l'art dramatique de notre époque. Comme tous les enfants de ma génération, j'ai été formé par le cinéma. Ce que j'aime au théâtre, ce sont les répétitions. Au cinéma, il y a beaucoup de répétitions, donc j'aime le cinéma.* » On n'est pas étonné qu'il passe à la mise en scène avec le très juste, décalé et délicat ***Le pressentiment***. Un film très darroussien, finalement. « *La mise en scène est une velléité que j'avais depuis longtemps. Mais j'ai mis du temps à me l'autoriser. Quand on est acteur, on est impliqué dans la fabrication d'un film, mais pas jusqu'au bout. J'ai eu envie de compléter mon expérience, c'était là, en moi.* » Son film a touché le public. Là non plus, on n'est pas étonné.

Jean-Pierre Darroussin est lié aux spectateurs. Mais il sait ne pas leur donner la main, ne pas les mettre trop à l'aise, pour les laisser vivre et s'arranger avec le film. « *Il y a une illusion qui perdure encore un peu : le cinéma est primordial pour les gens. Finalement, pas tant que ça… Le public lambda prend ça comme un divertissement. Le cinéma peut être les deux : une industrie et un art. La difficulté est de circuler entre ces deux tendances.* »

Encore une fois, Jean-Pierre Darroussin nous prend à contre-pied. Voilà pourquoi il est si difficile de l'attraper.

LE CINÉMA COMME UNE ÉVIDENCE

*«Mon intérêt pour le cinéma a toujours été une évidence. C'est le numéro de l'*Écran Français *sur le cinquantenaire du cinéma, en 1945, qui a été déclencheur. J'étais intéressé de savoir à partir des photos de cette revue comment les acteurs pouvaient se retrouver dans ces positions-là. Alors je suis allé voir les films. Je ne me suis jamais posé la question de l'envie de faire du cinéma mais plutôt celle de pouvoir encore en faire. Bon, j'ai eu une période un peu dépressive il y a trois ans, suite à un accident, mais là je n'avais plus envie de rien du tout, pas seulement du cinéma. Mais c'était exceptionnel.»*

LA POLITIQUE DE L'ÉCONOMIE

«Mon cinéma répond à une logique économique: c'est plus facile, car j'ai besoin de moins de sous. Je suis un réalisateur de basse extraction: mon père était VRP, mon grand-père facteur et mon arrière grand-père avait quelques moutons. Je vis dans un cadre économique assez réduit. Je reprends à mon compte la parole de Renoir: "J'ai commencé par dépenser de l'argent pour faire mes films et après on m'a donné de l'argent pour faire des films."»

DE CAUSE À EFFET

«Je suis d'origine berbère. Ma famille a quitté la région au VIIIème siècle. On fait partie des hordes de refoulés de la bataille de Poitiers en 732. Je ne sais pas si je suis berbère de Kabylie ou d'ailleurs. Mais j'y ai apparemment laissé des choses parce qu'il y a un chien kabyle qui m'a mordu en août 1974. Donc j'ai eu la maladie habituelle qui sévit en pareil lieu puisque j'ai eu un microbe qui m'a bouffé la rate. Donc j'ai perdu ma rate ce qui est un avantage car je peux maintenant courir comme un dératé.»

JLG PAR LUC MOULLET

«J'ai connu Godard en 1957. J'ai écrit un premier article un peu ambitieux sur Godard qui, après l'avoir lu, a dit à son producteur de me faire tourner un film. Il m'a mis le pied à l'étrier en quelque sorte. J'ai écrit pas mal d'articles sur Godard et encore récemment sur **Puissance de la parole**, *un court métrage que j'ai tendance à considérer comme le plus grand film de tous les temps. Aujourd'hui il raconte plus une façon de vivre globale plutôt que de s'attacher au récit plus traditionnel d'un film.»*

LES CAHIERS DU CINÉMA

«Je suis arrivé aux Cahiers *à dix-huit ans, en 1955, et j'y suis resté jusqu'en 1968-69 au moment de leur période maoïste. Depuis, j'ai des contributions intermittentes. Je suis devenu critique car c'était plus facile que de devenir metteur en scène. Je préfère faire des films mais je suis plus intéressant en tant que critique. Truffaut avait la première place internationale de la critique mais quelle que soit sa qualité de metteur en scène, qui est considérable, il n'est pas le meilleur réalisateur de tous les temps. Écrire aux* Cahiers, *c'était presque un chèque en blanc pour réaliser un film.»*

FACE À LA CRITIQUE

«À propos de **Brigitte et Brigitte,** *une revue espagnole a écrit: "Le film le plus débile et le plus pauvre intellectuellement de l'Histoire du cinéma". C'est amusant. Maintenant, j'ai de meilleures critiques, je fais partie du paysage. Pour* **Anatomie d'un rapport**, *il y a eu des réactions très violentes à l'égard du film, des gens voulaient que le film soit classé X.* **Genèse d'un repas** *est mon seul film qui a fait l'unanimité.»*

QUELQUE CHOSE DE LA CINÉPHILIE

«Je me suis fait à l'idée de ne pas avoir beaucoup de spectateurs. Ce qui ne m'empêche pas d'avoir du succès. **Genèse d'un repas** *a coûté 290 000 francs et en a rapporté un peu plus d'un million… Soit près de quatre fois plus que son coût. Par exemple,* **Jeanne d'Arc** *a fait plus de trois millions d'entrées. Mais comme il a coûté 35 millions d'euros, le film est déficitaire. Alors je suis le réalisateur commercial et c'est Luc Besson le petit artisan.»*

NATACHA
RÉGNIER

L'ÉCHAPPÉE TIMIDE

Une actrice peut se retrancher derrière mille vies pour se protéger de ce que l'on voudrait savoir d'elle. De ce principe d'effacement naît le fantasme. Le regard de Natacha Régnier repousse un peu plus loin encore les limites de l'acceptable, ne laissant transparaître que l'infiniment visible. Dans la perspective de ses rôles au cinéma – où le champ des possibles est sans cesse étendu – sa timidité évidente en devient troublante. «*Je travaille sur ma timidité car c'est un frein qui me bloque dans ma vie. Pour un rôle je suis capable de faire plein de choses, mais dans la vie j'ai une timidité qui peut me tétaniser. Et j'en ai marre! Donc je vais la faire partir, ou l'atténuer, au moins un peu...*» Elle sourit. En prise directe avec ses désirs, sa timidité est électrisée dès que la caméra tourne. Le jeu de Natacha Régnier est un écho magnifique au mot «Action!».

Mi-ange, mi-démon, le qualificatif ne déborde pas d'originalité. Mais il prend tout son sens à la seule évocation d'un nom : Natacha Régnier. Actrice aux mille visages, elle tombe le masque de la timidité quand l'occasion lui est donnée de jouer. Son corps, sa peau, son visage en appellent à la douceur pour renverser un monde de brutes qu'elle est tout à fait capable d'incarner le temps d'un film, d'un rôle, d'un personnage. « *Chercher un personnage est un travail qui est ancré en moi. Pour cela, je peux être extrêmement audacieuse et courageuse. Et têtue aussi…* [silence] *Non, pas têtue ! Plutôt… Je ne trouve pas le mot. Je peux me surprendre à oser faire des choses que je fais pour le personnage. Je peux déployer une grande volonté ; s'il faut maigrir ou prendre du poids pour un rôle, si ça a un sens, je le fais. Explorer l'âme humaine, ça me tient en éveil. Être sous le regard de cinéastes différents, ça me tient en éveil.* » Du paradis, elle revient sauve. Saine, elle quitte l'enfer.

Dans sa filmographie, ***La vie rêvée des anges*** (Erick Zonca, 1998) joint les deux pôles. Aux côtés d'Élodie Bouchez (Isa), Natacha Régnier joue le rôle de Marie. Deux jeunes femmes, vingt ans, qui bourlinguent, se confrontent à une dure réalité sociale et vivent de leur révolte. Elles seront toutes les deux récompensées du Prix d'interprétation à Cannes (remis par Martin Scorsese, ça calme) et du César de la meilleure actrice. Pour Natacha Régnier, ce film a aidé à éteindre le feu des doutes, nourri par la crainte de ne pas être à sa place. « *Je ne viens pas du tout du milieu du cinéma, et comme pour plusieurs jeunes filles, c'était un fantasme. Rien ne m'y prédestinait sauf mon intuition profonde de vouloir devenir actrice. J'ai pris* **La vie rêvée** *comme un accueil positif. Ça a aussi rassuré mes proches, qui ont pu s'inquiéter de me voir choisir une voie artistique. Ce film a eu son effet choc, mais il m'a aussi beaucoup apaisée.* »

Avec Natacha Régnier, il y a souvent deux versants aux choses, deux côtés qui se côtoient et l'obligent à être en mouvement, à (ré)agir. Quand son rêve devient réalité et que son fantasme de jeune fille se mue en acte adulte, elle est prise d'un léger vertige. Pas de quoi la faire vaciller, elle est trop butée pour cela. « [silence] *J'ai du mal à parler de ça car il y a aussi la vie à côté, qui forcément influe sur les choses… Mes premiers films m'ont apaisée sur la légitimité à faire ce métier et en même temps je me disais : mais t'y connais rien ! Comme je ne viens pas d'une famille de cinéphiles, j'avais envie d'apprendre, de voir plus de films.* » Cette cinéphilie d'abord absente a joué un sale tour à Natacha Régnier. « *Chantal Ackerman m'avait proposée* **La captive**, *dont j'adorais le scénario, mais que j'avais refusé à cause de sa noirceur, car je sortais de* **La vie rêvée** *et* **des Amants criminels** (François Ozon, 1999). *Et quand le film est sorti, en 2000, c'était mon film préféré de l'année, j'y pensais tous les jours. Là je me suis dit que mon manque de cinéphilie et de maturité m'avait fait réagir avec une bêtise totale. Alors j'ai écrit une lettre à Chantal : "Voilà Chantal, j'ai réagi comme une conne. Depuis que j'ai vu* **La captive**, *je n'arrête pas d'y penser, mon attitude a été complètement immature dans mon refus de faire ce film. En plus notre rencontre était très belle."* »

La rencontre aura lieu quatre ans plus tard, pour le film ***Demain on déménage***. Une expérience qui met en lumière une face cachée de Natacha Régnier : son goût et son talent pour le burlesque. De situations tragiques peuvent naître des échappées de rires. « *À la lecture du scénario, je n'avais pas compris le personnage* » sourit-elle. « *Mon personnage ne voulait pas d'enfant, elle ne comprend pas la maternité et moi je venais d'être maman, c'était pour moi quelque chose d'évident ! Comment aborder ce personnage qui m'est à ce point étranger ?* » Cette question revient comme un refrain entêtant dans le parcours de Natacha Régnier. Aucun rôle ne l'effraie, aucune perspective ne lui paraît impossible. Elle est aujourd'hui une actrice qui réunit dans sa filmographie des réalisateurs tels que Lucas Belvaux, Eugène Green, Emmanuel Bourdieu, Luc Bondy ou Anne Fontaine. « *J'ai l'impression d'avoir encore plein, plein, plein, plein de choses à explorer. Je me sens si curieuse, je n'ai pas de limite.* » Dans le cas de Natacha Régnier, l'essence précède l'existence. Actrice, elle oublie sa timidité. Elle est l'ange et le démon.

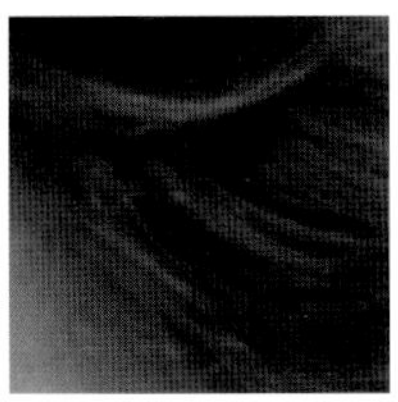

JALIL
LESPERT

L'ÉLOQUENCE DU JEU

Les clichés ont la dent dure. Être acteur français, ce serait : intellectualiser son rôle, le jouer dans un deux pièces cuisine et ne pas considérer son corps comme un outil de jeu, mais davantage comme un objet de désir inavoué. Jalil Lespert, à grands coups de films... coups de poing, met à mal les *a priori* les plus tenaces (***Ressources humaines***, ***Vivre me tue***, ***L'ennemi naturel***, ***Virgil***, ***Le petit lieutenant***). Et pour tous ceux qui voudraient lui coller l'étiquette de seul acteur français... à l'américaine, il esquive (***Pas sur la bouche***) puis riposte (***Le promeneur du champ de mars***). Avec son premier film en tant que réalisateur (***24 mesures***), c'est le K.O. qui guette les âmes chagrines. Jalil Lespert combat dans toutes les catégories ; son intelligence de jeu, son interprétation à vif et sa faculté d'adaptation font de lui un acteur non identifié et casseur de dents.

D'abord, la tentation de décrire un corps, mouvant et dégageant une puissance fragile. Puis, l'envie d'évoquer ce visage, malléable et incertain, pouvant singer les mimiques d'un Al Pacino cabotin, mais capable aussi de s'imprégner de toute la douleur contenue d'un personnage sur le fil. Jalil Lespert est de ces acteurs rares qui dansent sur la frontière séparant tous les stéréotypes de jeu, où la surprise est une heureuse fatalité. Jalil Lespert est à la fois tout et le contraire de l'acteur français. « *Mon approche de ce métier est un mélange d'instinct et de réflexion. Je cherche la vérité du personnage. Je n'aime pas l'idée de se contenter que de l'instinct. C'est d'ailleurs une grande limite dans l'appréhension du métier d'acteur en France. Quand je vais au cinéma, j'ai toujours en tête, quand même, que quelque chose se joue devant moi. J'ai envie d'y participer. Et les gens qui ne jouent qu'à être eux-mêmes ne m'intéressent pas.* »

Jalil Lespert est étonné par d'autres acteurs, ceux qu'il appelle les *tout terrain*. « *Ils sont capables de jouer dans n'importe quel navet et d'en ressortir quelque chose. C'est tellement des machines à jouer, ils aiment tellement ça, qu'ils peuvent tout traverser. J'ai des copains qui ne lisent que leur rôle et le défendent du mieux qu'ils peuvent. C'est étonnant, hein ? Je serais trop malheureux dans cette démarche. Ça m'est d'ailleurs arrivé de faire des films sans trop y croire et je l'ai assez mal vécu. J'aime sentir que je joue dans un film qui laisse une trace.* »

Si ***Ressources humaines*** (Laurent Cantet) lui a ouvert la voie, si ***Le petit lieutenant*** (Xavier Beauvois) lui a donné un autre élan, ***Vivre me tue*** (Jean-Pierre Sinapi) doit être son acte fondateur. Il y campe le rôle casse-gueule d'un body-builder homosexuel qui se dope pour faire la couverture du *Monde du muscle*. « *Le travail d'acteur, c'est comment tu gommes l'idée que t'avais sur ton personnage en arrivant sur le plateau* ». Jouant des techniques de l'Actor's Studio pour ce rôle (adapter son physique à l'emploi pour une immersion sans faille dans la peau du personnage), Jalil Lespert joue aussi dans un registre plus épuré. C'est le personnage qui dicte sa loi. Jalil Lespert lui obéit.

Pour comprendre cette foi indéfectible dans la nécessité du jeu, il faut remonter à une sensation presque irréelle éprouvée le jour de sa première fois sur un plateau de cinéma. « *Lors de mon premier plan au cinéma, dans un court métrage de Laurent Cantet (**Jeux de plage**), quelque chose s'est réveillé en moi, comme un pressentiment qui m'a fait me dire que ce que je vivais là allait être important dans ma vie. Je ne savais pas si c'était lié à ce plan ou la naissance d'une vocation. C'est un truc que j'ai réprimé car je ne voulais pas y croire… Je venais d'avoir mon bac, je me disais que ce n'était pas sérieux. Puis, je n'ai pas eu envie de vivre avec un éventuel regret de ne jamais avoir essayé alors je me suis lancé dans l'aventure.* » C'était en 1995. Quatre ans plus tard, toujours sous la direction de Laurent Cantet, il campait le rôle de Franck dans ***Ressources humaines***.

Depuis, Jalil Lespert est pieds et poings liés avec le cinéma. Une relation quasi-fusionnelle dont il ne pourrait pas (plus) se passer. « *J'adore le cinéma, je suis un fou de cinéma, il a une place prépondérante dans ma vie. C'est ma grammaire, le mode d'expression avec lequel je suis à l'aise. Dans la vie, je n'ai pas vraiment de facilités d'éloquence.* » Parce qu'il a des tas de choses à raconter, Jalil Lespert a choisi de passer à la mise en scène. « *La réalisation témoigne aussi de mon envie de creuser une réflexion sur mon art* », lâche-t-il. ***24 mesures***, son premier film, réunit Benoît Magimel, Sami Bouajila, Lubna Azabal et Bérangère Allaux. « *Voir les acteurs, les diriger, travailler avec eux, trouver l'équilibre, c'est jouissif. Quand t'es acteur, tu prends du plaisir, mais tu n'as pas la jouissance du réalisateur.* »

Acteur atypique et inclassable, cinéaste agité et épicurien, Jalil Lespert a de plus en plus son mot à dire dans un cinéma français de moins en moins sourd à son talent.

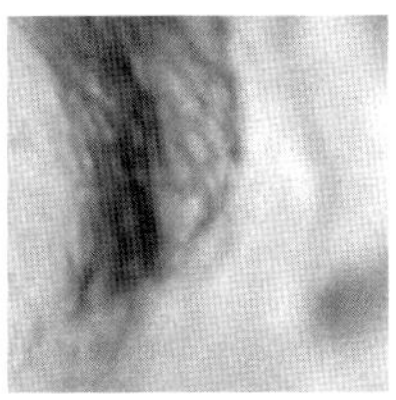

LAMBERT WILSON

DANDY SUR LE FIL

« *On peut vraiment rater de grands moments de notre vie pour quelques secondes…* » souffle Lambert Wilson, avec un détachement qui n'a rien à voir avec le j'm'en-foutisme. Si on le croit, et Lambert Wilson est quelqu'un que l'on a très vite envie de croire, on peut tout imaginer : pour quelques secondes, Lambert Wilson n'aurait pas incarné l'abbé Pierre dans ***Hiver 54***, ni un mérovingien dans ***Matrix Reloaded*** et ***Revolutions***, ni Arthus de Poulignac dans ***Jet set***. Autrement dit, pour quelques secondes, Lambert Wilson n'aurait peut-être pas été l'un des acteurs français les plus protéiformes. Lui que l'on étiquette (trop vite) dandy raffiné, intello bourgeois ou (éternel) jeune premier romantique.

Ces quelques secondes ne représentent rien, si ce n'est, peut-être, l'espace-temps qui sépare le hasard de la coïncidence. Ces quelques secondes ne représentent rien, si ce n'est, peut-être, une certaine idée de l'éternité.

De hasard, il est peu question dans la vie de Lambert Wilson. Fils de l'acteur et du metteur en scène de théâtre Georges Wilson, Lambert ne peut pas être arrivé au cinéma par hasard. « *Mon envie d'être acteur, à l'âge de treize ans, est liée à une sorte d'émerveillement provoqué par la première parisienne d'un film de cape et d'épée auquel mon père participait. J'étais familier de l'état d'acteur grâce à mon père, mais je n'ai jamais eu envie de théâtre… Mon éducation cinématographique était personnelle, en allant voir des films tout seul avec le Pariscope dans la poche.* » Il y a tellement d'idées reçues sur la carrière de Lambert Wilson, et plus encore sur sa personne, que le moindre de ses propos surprend.

On l'attend fan de comédies à l'anglaise, et lui, confie : « *Au cinéma, j'ai très vite cherché un ton très particulier. Je pense que ça faisait continuité avec la littérature que je parcourais (Les sœurs Brontë, Bradbury). Une sorte de fantastique romantique. J'adorais Ken Russell !* » On a tous nos idoles. Pour Lambert Wilson, c'est Ken Russell. C'est comme ça.

On ne l'imagine pas vivre sans le cinéma, le manque serait trop lourd à supporter. « *Je n'ai jamais considéré faire autre chose que l'acteur, ou alors je me remets en question à chaque instant. Le cinéma, lui, m'a oublié : après le film de Richard Dembo,* **L'instinct de l'ange**, *je n'ai plus tourné pendant à peu près trois ans. Mais je suis attiré par plein de choses très contradictoires ; le chant, la danse, la vie tout simplement… Et aussi la mise en scène, qui me permet de mieux comprendre mon métier d'acteur.* »

On se dit que Lambert Wilson est un dandy raffiné, un jeune premier romantique, un intello bourgeois qui fricote avec Alain Resnais pour l'extase, les frères Wachowski pour la démence et Fabien Onteniente dont l'élégance est à sa discrétion. « *Je ratisse large quand même, non ?* » sourit-il. « *Visiblement non, puisqu'on me colle toujours cette image.* » Un mal bien français que de coller des étiquettes, dirait l'autre. C'est l'une des plus belles performances de Lambert Wilson : exister dans des cinémas différents, sortir de ses frontières, interpréter des personnages qui ne se rencontreraient jamais dans la vie réelle. L'abbé Pierre qui s'allierait à un mérovingien pour piller la jet set serait pourtant un scénario d'une redoutable efficacité.

« *La question qui me gêne le plus dans ce métier est celle de l'efficacité : pour exister fortement et être indispensable, il faut exister dans une seule chose parce que, en étant partout à la fois, on n'est nulle part et c'est un préjudice pour sa carrière. J'aime bien prendre des risques dans mes choix. Par exemple, quand je quitte les frontières françaises, je me mets en danger. Ailleurs, je ne suis plus une vedette, je ne suis plus rien. Certains se foutent d'être connus ailleurs : si vous demandez à Jean-Pierre Bacri si ça le fait chier de ne pas être connu aux États-Unis, il vous rit au nez ! Moi, je crois que mon parcours m'a fait prendre conscience de cette envie d'exister ailleurs qu'en France.* »

Ailleurs, il sera peut-être dandy, intello bourgeois et jeune premier romantique. À la française.

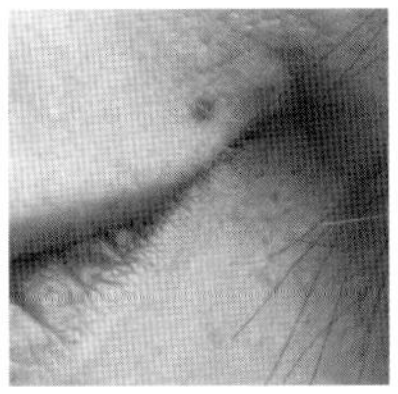

ROMANE **BOHRINGER**

ICI ET MAINTENANT

Romane Bohringer revient toujours d'un endroit qui l'a chamboulée. Quelque chose chez elle rejette l'anodin, de façon irréversible. Quand on s'est rencontrés, elle revenait d'un long voyage au Vietnam, à la roots. Romane Bohringer est entièrement dévouée à ce qu'elle fait, et sa fougue n'a pas de limite, pas même la colère. Elle s'emporte, s'enthousiasme, s'emballe avec autant de frénésie qu'un enfant à l'approche de Noël. Et pour elle, chaque scénario est un cadeau. « *Quand je reçois un scénario, c'est comme le prince charmant, je me dis : "Ah c'est peut-être celui-là !" Ça me rend fébrile. J'aime être surprise.* » Quand on s'est rencontrés, Romane Bohringer n'avait plus parlé de son métier depuis longtemps. Son discours n'en est que plus intense.

UN MONDE DE DOUCEURS

« J'ai ressenti très petite que la vie qui s'organisait autour d'un plateau de cinéma ou sur les planches d'un théâtre était la vie dont je rêvais. C'était l'endroit où je voulais être. Pour moi, c'était l'endroit du monde le plus doux, le plus poétique, le plus protégé aussi. Ailleurs, c'était brutal et hostile. L'impression de voir tous ces gens construire un objet fantasmatique, presque invisible, me passionnait. Je ne me sentais bien nulle part ailleurs. C'était mon cocon. C'est assez paradoxal car c'est un monde qui est assez loin de ça… »

ÊTRE LA FILLE DE

« Comme beaucoup de filles de comédien, j'ai mis du temps avant d'accepter de dire "Je suis actrice." J'ai eu la tentation de faire autre chose. On a une réticence à affirmer ne pas vouloir faire autre chose. On se pose la question de la légitimité, on recule devant notre propre désir. Mon désir était de faire partie d'une équipe technique, puis il s'est déplacé vers l'envie de jouer, d'être au centre, d'être aimée et protégée. »

THÉÂTRE ET CINÉMA, ASSOCIATION BIENFAITRICE

« C'est un rapport heureux quoi qu'il arrive, mais ce sont deux métiers très différents. Ça ouvre des champs d'inspiration très variés. Je suis une grande spectatrice de cinéma, j'aime voir donc j'aime faire, mais c'est plus l'idée de participer à l'objet cinéma. En tant que comédienne, mes plus grandes sensations, mes plus grands dépassements, je les ai au théâtre. En intensité de jeu, le théâtre est plus définitif. Le cinéma est plus brillant, plus glamour, plus confortable. Au cinéma, vous immortalisez une prise quand elle est magnifique. Quand c'est beau, c'est protégé. Le théâtre est un éternel recommencement. Ça me galvanise, ça m'épuise. C'est un supplice magnifique. Quand vous touchez la grâce, c'est déjà fini, c'était un soir. Le lendemain, il faut reconquérir ce terrain. Ça empêche sa propre glorification. Le théâtre, c'est être en nage. »

SES FILMS FONDATEURS

« Tous et un seul. Tous car j'ai la chance de ne rien regretter de ce que j'ai fait. Ce sont des photographies de ma vie à des instants différents. Ça vient de mon exigence. J'ai toujours choisi avec férocité et entêtement. Et un seul parce que commencer avec **Les nuits fauves***, c'est…* [silence]. *Ça a modifié pour toujours mon exigence personnelle. Commencer par un film si important et fait de façon si importante par Cyril Collard, si viscéral…* [silence]. *Pour le coup, c'était une nécessité, une question de vie ou de mort. Il avait un besoin absolu de faire ce film. Tout le monde voulait ce film plus que tout.* **Les nuits fauves** *a déterminé l'actrice que je suis. »*

COSTUMIÈRE, À LA PÉRIPHÉRIE DU CINÉMA

« Je n'aurais pas dû jouer dans **Quelque chose d'organique***, le premier film de Bertrand Bonello, mais une actrice l'avait lâché. Quand il a fait* **Le pornographe***, son deuxième film, j'étais verte qu'il n'y ait pas un rôle pour moi. Alors je lui ai proposé d'être sa costumière. J'ai été aussi investie et heureuse qu'en étant comédienne. Et puis sur* **Tiresia***, son troisième film, je me suis fâchée avec Bertrand car je devais avoir un rôle et finalement, je ne l'ai pas eu. Il voulait quelqu'un de moins connu. On s'est fâchés pendant deux ans… Je suis très comme ça, dans l'affect. Malheureusement, je mélange beaucoup l'affect et le travail, avec une grande intégrité, ce qui m'a valu quelques désillusions. »*

J'Y PENSE ET PUIS J'OUBLIE

« Quand mes films sortent, c'est j'y pense et puis j'oublie. Faut avancer ! Je me bats pour en parler, pour les faire connaître. Mais après faut oublier, sinon on n'avance plus. L'année dernière, plein de gens m'ont dit qu'on ne me voyait plus : j'ai fait quatre films la même année, c'est mon record ! **Lili et le baobab** *est pour moi un film aussi important que* **Les nuits fauves***. Et personne n'a vu ce film. Le film de mon père n'a pas eu sa chance non plus. On peut s'inquiéter du sort réservé aux poètes. »*

UN RISQUE, QUEL RISQUE ?

« Pour moi, le risque n'existe pas dans notre métier. Je trouve cette expression très malvenue. Quand j'entends des comédiens parler de risque, ça m'interroge. Je ne comprends pas. Les gens qui se mettent en danger, c'est pas nous. Qu'est-ce que je risque à vrai dire ? Rien. Chaque pièce ou film nous expose aux regards des autres. Mais le danger n'existe pas. »

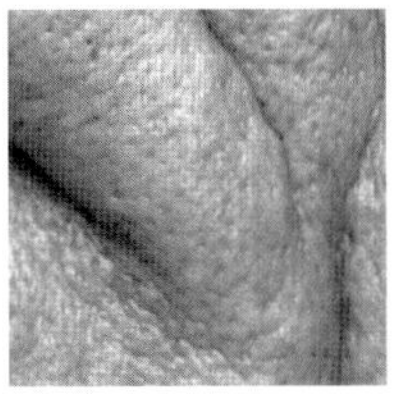

JEAN-CLAUDE
BRISSEAU

ÉLOGE DE LA SUBLIMATION

Jean-Claude Brisseau, cinéaste sulfureux, transgressif et surtout explorateur, est devenu Jean-Claude Brisseau, cinéaste provocateur, vicieux et surtout amoral. La confusion a gagné les deux camps : celui de ceux qui lui maintiennent sa confiance et celui de ceux qui le renient. Aux yeux du grand public, son image s'est troublée. Mais tous ne l'ont pas jugé. Jean-Claude Brisseau est un cinéaste dont la vie d'homme a une influence sur l'œuvre. Mais il n'est pas le cinéaste de sa vie.

Et si le procès avait tout parasité ? Jean-Claude Brisseau, connu pour ***Noce blanche*** (son plus gros succès public avec près de deux millions d'entrées), a été condamné en novembre 2005 à 15000 euros d'amende et un an d'emprisonnement avec sursis pour harcèlement sexuel sur deux des quatre actrices plaignantes suite au casting de ***Choses secrètes*** (sorti en 2001). Il n'a pas fait appel. Le procureur avait requis deux ans d'emprisonnement avec sursis suivis d'une mise à l'épreuve et d'une obligation de soin, une amende de 30000 euros et l'inscription au fichier des délinquants sexuels.

Jean-Claude Brisseau n'est pas né du cinéma. Parfaitement autodidacte, il a appris le cinéma dans les salles, à l'ombre des règles et des lois qui régissent le milieu. « *Je n'aime pas les règles. C'est un truc social, idéologique. Le milieu du cinéma adore sa liberté et son indépendance, mais vit cela dans un grand conformisme.* »

Jeune, le petit Jean-Claude (devenu grand, près de deux mètres pour quelque 110 kilos) s'est forgé un point de vue dans les rues, en rentrant chez lui après chacune de ses nombreuses séances hebdomadaires. « *Je suis presque toujours allé seul au cinéma. J'ai passé mon adolescence avec un sentiment permanent de solitude.* »

Et ses films n'échappent pas à ce sentiment. Ses personnages, comme les spectateurs – ce qui lie les uns aux autres – sont confrontés à ce sentiment de solitude. « *Je n'y échappe pas. Aucun de mes films n'y échappe*. » clame-t-il. Personne n'y échappe.

Jean-Claude Brisseau est un explorateur. Peut-être même est-il visionnaire ; ses films seraient alors des œuvres d'anticipation. Quand il s'attaque au sujet, toujours, et déjà violent, de la banlieue (***Un jeu brutal*** en 1982, ***De bruit et de fureur*** en 1988), c'est avec minutie, intransigeance et ambition. « *Certaines personnes, après avoir vu **De bruit et de fureur**, m'ont dit que j'avais atténué la force sociale et la violence de la banlieue en faisant ce film. Et c'est vrai que je ne cherchais pas à faire un documentaire ou un film social sur la banlieue. Les arts nous font revivre des émotions que nous n'avons pas été capables de maîtriser, mais d'une manière qui nous aide à les vivre, et à les maîtriser. Ça s'appelle la sublimation. Et le cinéma a cette fonction-là.* »

En quoi Jean-Claude Brisseau sublime-t-il le réel ? Et dans quelle mesure se nourrit-il de son propre réel ? Ces questions ne se posent pas malgré Brisseau, elles se posent parce que ses films sont ceux d'un chercheur qui, pour trouver, doit se brûler. Dans ***Les anges exterminateurs***, Jean-Claude Brisseau a voulu utiliser l'émoi sensuel de la même manière qu'Hitchcock a utilisé la peur dans ses films. Une manière d'agir sur le spectateur. Une manière aussi de se mettre en danger. « *Je suis le premier spectateur de mes films et si je veux transmettre une émotion, je dois d'abord la ressentir.* » Impossible alors de dissiper la confusion entre l'homme et le cinéaste, entre sa vie et son œuvre. Impossible et surtout inutile.

Jean-Claude Brisseau pratique un cinéma exigeant, radical, libre et précis. Il est un cinéaste qui fait l'éloge de la sublimation. Pas un cinéaste du réel.

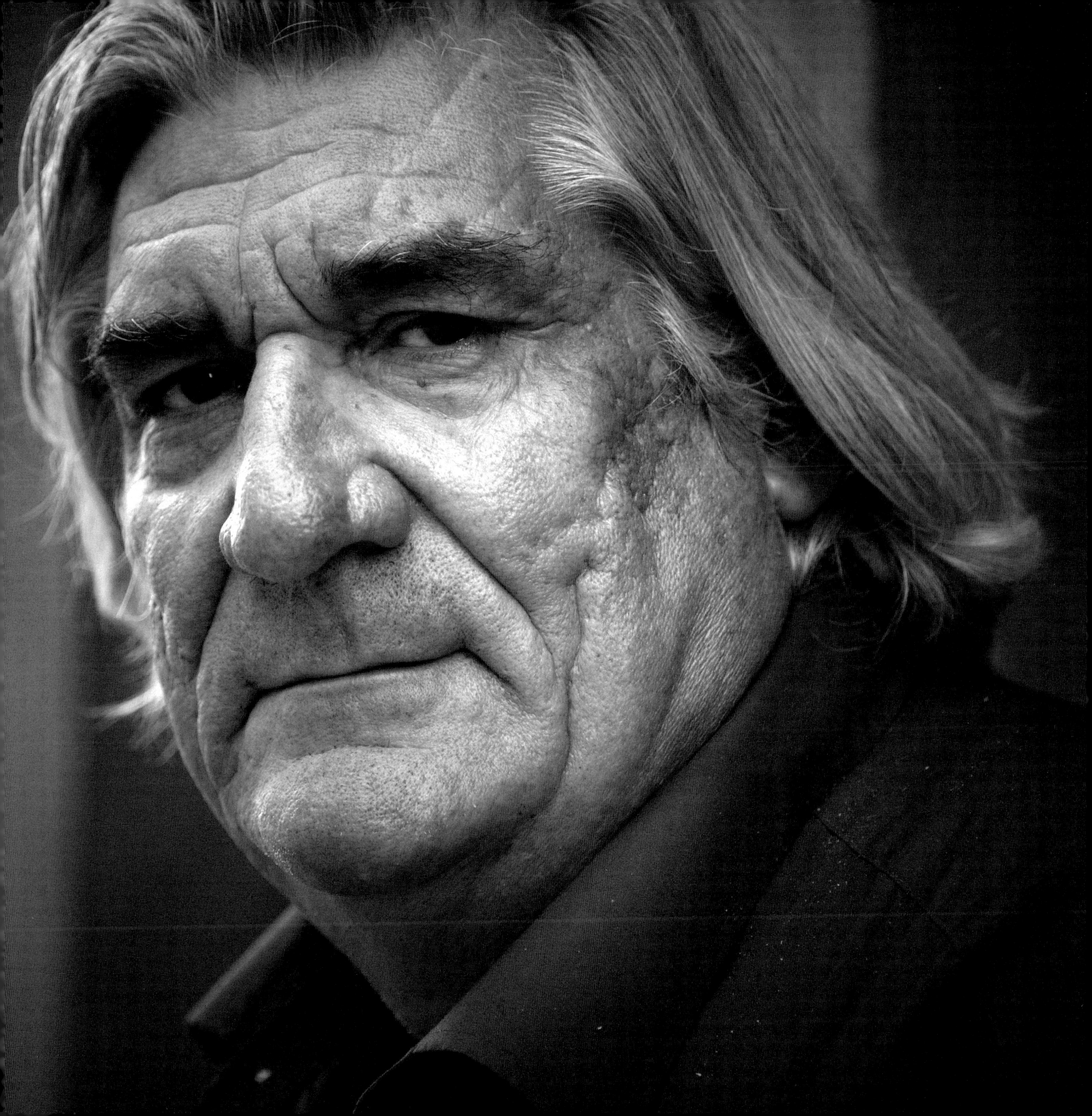

Mathieu Demy est le fils d'Agnès Varda et de Jacques Demy. Autant le dire tout de suite, ou le rappeler pour les plus étourdis, puisqu'il est impossible de ne pas faire état de sa filiation. Se pose alors une question : le cinéma a-t-il toujours été une évidence pour ce fils de ? « *À partir du moment où j'ai décidé d'en faire mon activité principale. Et ça, c'était à l'époque d'* ***À la belle étoile*** (Antoine Desrosières, 1994). *Avant ça, ma mère m'avait fait tourner dans des films qu'elle avait réalisés (* ***L'un chante, l'autre pas*** *en 1976,* ***Documenteurs*** *en 1982). Étant enfant, j'aimais bien jouer mais j'ai aussi ressenti le besoin à l'adolescence d'aller voir ailleurs pour me faire ma propre idée du problème. Et ce n'est qu'après que j'y suis revenu. C'est-à-dire entre* **Kung fu master** (Agnès Varda, 1987) *et* ***À la belle étoile****. Entre les deux je n'avais plus envie de jouer. J'ai passé mon bac, fait des études, un peu glandouillé.* »

Depuis, Mathieu Demy n'a cessé de faire l'acteur et a « *une activité régulière dans le cinéma* », sourit-il. Et c'est en 1998 qu'il va se faire un prénom. Cette année-là, il est à l'affiche de deux films : ***Le New-Yorker*** de Benoît Graffin et ***Jeanne et le garçon formidable*** d'Olivier Ducastel et Jacques Martineau. Le premier est passé inaperçu : « *J'aime beaucoup ce film mais c'est vrai qu'il n'a pas attiré les foules. Un jour on est allés au hasard dans une salle ; il n'y avait personne… Sauf un mec qui dormait au fond, enroulé dans une couverture. Ça ne nous a pas empêché de sortir boire un verre et puis, voilà quoi ! Je ne me suis jamais mis la rate au court-bouillon parce qu'un film ne marche pas.* »

Il ne se prendra pas plus la tête après la sortie et le succès public de ***Jeanne et le garçon formidable***. « *Ce film m'a permis de revendiquer simplement ma filiation avec les films de mon père. C'était important de dire à travers ce projet que je n'ai pas de problème avec ça… Que c'est plutôt quelque chose que je revendique, comme sensibilité de cinéma. C'est aussi le film qui m'a fait connaître. Même si ce n'est pas le potentiel populaire d'un film qui dicte mes choix.* »

Mathieu Demy a largement prouvé qu'il ne suivait pas les voies de la notoriété triomphante. Lui se laisse guider par d'indéfectibles coups de foudre pour des metteurs en scène. De sa rencontre avec Benoit Cohen, il garde un grand enseignement : « *Au début de* ***Qui m'aime me suive*** (leur troisième collaboration), *on ne s'est pas entendus. Au point de ne plus faire le film ensemble. Finalement, je suis sorti grandi de cette histoire car j'ai fait le film que Benoit voulait faire. Il faut suivre le mec qui est aux manettes. Cette expérience m'a apporté un point de vue important sur mon métier.* »

Un métier sur lequel il porte un autre regard en passant derrière la caméra. Mathieu Demy a déjà réalisé deux courts métrages (***Le plafond*** en 2000 et ***La bourde*** en 2005). « ***Le plafond*** *a reçu plusieurs prix.* ***La bourde****, pas du tout. Dans* ***La bourde****, j'expérimentais le dispositif suivant : moi metteur en scène et acteur puisque c'est celui que je vais adopter pour mon long métrage. Quand on est acteur, c'est les vacances ! On a une chose à gérer, c'est être dans le bon état au bon moment et donner le maximum. Faire un film, c'est une autre limonade, un engagement plus lourd.* »

L'occasion pour Mathieu Demy de proposer sa version d'un cinéma qu'il défend déjà comme acteur : un cinéma subtil, qui se joue sur des nuances, comme un éloge de l'à peu près qui ne laisserait rien au hasard.

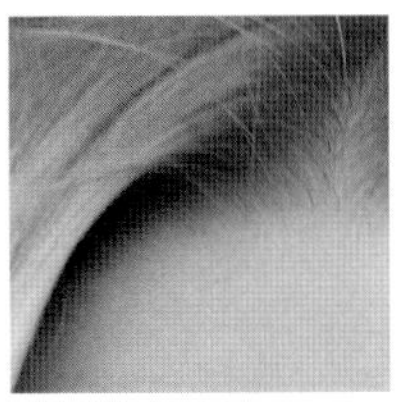

SARA
FORESTIER

L'ÂGE DES POSSIBLES

Sara Forestier s'aventure sur un terrain glissant, celui de la simplicité. Pourtant, la gamine révélée par ***L'esquive*** d'Abdellatif Kechiche avait tout pour faire dans le chichiteux, la minauderie ou le caprice. Succès rapide, meilleure espoir féminin aux César (2005), frimousse craquante et gouaille délirante, Sara Forestier aurait pu être l'actrice de toutes les tentations. Oui mais voilà, avoir pour tuteur Abdellatif Kechiche, le «*Mozart du cinéma*» comme elle se plaît à le définir, est un vaccin infaillible contre la folie des grandeurs. Sara Forestier, énergique et énergivore, déboule de partout et tout le temps. Elle fonce, mais ne défonce pas. Elle va vite, mais pas trop vite.

À l'âge de Sara Forestier, tout est possible. Sur la foi de son épatante interprétation dans ***L'esquive***, elle avait un accès direct au n'importe quoi. Faire tout et son contraire sans s'en soucier. Que nenni! « *Je suis assez contente de moi pour une chose: avoir résisté aux propositions qui ont suivi **L'esquive**. Je ne me suis pas emballée. Je ne veux pas céder aux tendances et aux modes. J'ai refusé des films qui ont cartonné mais je m'en fous. Je veux faire ce que j'aime et je refuse de m'engager dans un projet auquel je ne crois pas.* » À l'âge de Sara Forestier tout est possible, même le rejet de l'immédiat.

Quand elle parle de son métier, elle s'autorise tous les rêves, comme tourner avec les plus grands, donc refaire un film avec Abdellatif « *Mozart* » Kechiche, ou jouer des rôles qui seraient autant de nouvelles aventures. Surtout, elle veut vivre et partager. « *Mon approche du métier de comédienne, c'est de servir une histoire. Un réalisateur a une histoire, une vision du monde à laquelle j'adhère ou j'adhère pas. Mais si j'adhère pas, je vais pas me dire: "bon, j'adhère pas mais le personnage est beau alors j'accepte." Je m'en fous! Les gens viennent voir un film et ce que je veux, c'est transmettre l'envie d'un réalisateur.* » Quand elle parle de sa carrière, elle lance un appel au calme sincère et rigolard. « *Jusqu'à présent, tous mes choix sont personnels. Je dis ça, mais je n'ai pas 50 ans et j'ai fait moins de dix films, faut relativiser!* »

C'est vrai, Sara Forestier a la vie devant elle. Une vie qu'elle peut encore écrire de mille façons. Les contours, eux, sont esquissés. « *Je veux que les films apportent des émotions aux gens, qu'ils aient un point de vue. Je me moque du genre. Je n'ai pas envie de défendre un cinéma particulier. Je trouve ça con. Pour moi le cinéma n'existe pas à travers des catégories. Je refuse les films qui provoquent des émotions pour rien. Le seul cinéma que je veux défendre, c'est le cinéma généreux.* »

La générosité, une qualité tombée quelque peu en désuétude. « *Je suis entière, je ne peux pas faire un truc à moitié, ne serait-ce que par respect pour le réalisateur avec qui je travaille. Je trouve beaucoup plus honnête d'aller sur un film à fond. Si j'y vais, si je suis touchée et que j'y crois, je m'implique totalement.* » Où qu'elle soit, Sara Forestier investit le lieu de sa présence avec un naturel confondant. Elle est à l'aise dans un café huppé à Paris comme au boui-boui du coin, autant dans son élément dans la peau d'une p'tite meuf de cité qui récite du Marivaux (***L'esquive***) que dans celle d'une p'tite pépé de la jeunesse dorée qui récite son mépris et sniffe comme d'autres enchaînent les pauses clopes (***Hell***, Bruno Chiche).

Son engagement total, facilement perceptible dans chacun des rôles qu'elle a interprétés, lui vaudra certainement des déconvenues. Quelques blessures, aussi. Sara Forestier a la peau dure, elle est prête à encaisser, et de toute façon, elle dégage une telle force de vie qu'il semble impossible qu'elle ne se relève pas, même en claudiquant. Sa détermination et sa volonté farouches remontent à aussi loin que sa jeunesse l'autorise. « *Le cinéma n'était pas prémédité, mais l'envie de jouer la comédie est en moi depuis mon enfance. Je ne me posais pas ça en terme de métier, je ne voyais pas ça comme une structure, avec un agent et des castings. J'étais très déterminée. C'était une envie profonde, qui a guidé mes actes et j'ai saisi les opportunités. La grande étape a été **L'esquive** qui m'a confirmé que j'adorais faire ça, et que c'est un travail. Ce film est mon socle.* »

Sara Forestier éprouve aussi un vrai désir de mise en scène. Elle a déjà réalisé un court métrage et un moyen métrage est en préparation. « *J'espère tourner un jour un long métrage* », lâche-t-elle avec un sourire qui dit tout de son désir. Chez elle, le désir se confond avec la réalité.

LA RONDE DES FANTÔMES

CHRISTOPHE
HONORÉ

Le cinéma de Christophe Honoré est traversé par une communauté de fantômes, qui errent parfois comme des âmes en peine, et d'autres fois se trémoussent sur de la musique pop. Écrivain pour adultes et pour enfants, ancien critique de cinéma (aux *Cahiers du cinéma* entre autres), scénariste (pour Gaël Morel ou Jean-Pierre Limosin), réalisateur, ce touche-à-tout d'apparence boulimique et de nature prolifique s'amuse à surprendre. Son cinéma hanté vire à la légèreté au détour d'un drame et se prend à rêver à des lendemains qui chantent. C'est la vie qui renaît sur un terreau de malheur, plus forte qu'avant. «*J'ai déjà songé très fortement à arrêter de faire du cinéma. C'était après* ***Ma mère*** (son deuxième film)*. Parce que c'était un film très compliqué à fabriquer et l'accueil a été difficile. À ce moment-là, mon désir de cinéma était un peu dégoûté.*» Sa renaissance prend la forme d'un diptyque: ***Dans Paris*** et ***Les chansons d'amour***, deux films sauvages et incandescents. Les fantômes, eux, rôdent toujours.

Cinéaste en plein élan, Christophe Honoré a réalisé quatre films en cinq ans. Assez injustement, la première partie de son travail (***17 fois Cécile Cassard*** et ***Ma mère***), que l'on pourrait intituler *La déconstruction*, a été boudée par le public et la critique – à quelques exceptions près évidemment. Christophe Honoré a véritablement été lancé par les faux jumeaux ***Dans Paris*** et ***Les chansons d'amour***, la deuxième partie de son œuvre, qui pourrait s'intituler *La renaissance*. «***Ma mère*** *est mon projet le plus ambitieux, le plus réussi aussi, à mon sens. Ça m'agace de voir le sort fait à l'ambition. J'ai l'impression que* ***Ma mère*** *trouve quelque chose d'assez rare dans le cinéma français et ça m'a un peu énervé que ça n'ait pas été vu. Avec* **Dans Paris***, j'ai cessé de fantasmer le cinéma, je suis revenu à un plaisir plus simple et adolescent : le plaisir de faire du cinéma. C'est aussi un retour de la légèreté dans la fabrication, poursuivi avec* **Les chansons d'amour***. Je fonctionne peut-être par couple de deux films. On va voir ce qui va suivre. Ma volonté de cinéaste ne suffit pas à le savoir, car la volonté du cinéaste ne suffit pas.*» Le succès croissant de ses films le place dans une position délicate. «*On est en attente que je continue. Et je pense que ça va me retomber dessus à un moment ou à un autre*», sourit-il.
La troisième partie de sa vie cinématographique reste à écrire. Elle pourrait aussi être la dernière. «*Je crois que le cinéma est une activité de jeunes gens. Bon, il y a Manoel de Oliveira… Il est une espèce d'exception. Le cinéma que j'ai envie de faire réclame une certaine rapidité physique. Au bout de dix ou quinze films, ça doit être très compliqué. Ou alors, il faut s'installer dans un autre système, à la Chabrol par exemple. Là, le film n'est plus l'enjeu d'un désir de cinéma, mais une manifestation un peu désinvolte : un tournage, des vacances, un tournage, et cætera. J'envisage de m'arrêter pour reprendre plus sérieusement l'écriture. Car depuis que je tourne beaucoup, l'écriture est un peu mise de côté.*» L'écriture, l'un des fantômes qui rôdent dans les films de Christophe Honoré.

À l'origine, il est écrivain. Et sûrement – la question ne lui a pas été posée – se sent-il davantage écrivain que cinéaste. Auteur de livres pour enfants (dont le bouleversant *Tout contre Léo*), Christophe Honoré a aussi raconté des histoires aux adultes (*La douceur*, *L'infamille*). Mais c'est le cinéma qui, aujourd'hui, guide son imagination. Dans la foulée du choc ***Ma mère*** (adaptation étourdissante du roman de Georges Bataille), Christophe Honoré signe un livre autobiographique, malicieusement titré *Livre pour enfants*. Il y fait le deuil de son enfance – et de son père, autre fantôme de traverse – et y revient sur le tournage de… ***Ma mère***. Un exutoire, peut-être. Puis, il retourne au cinéma avec ***Dans Paris*** et ***Les chansons d'amour***, mais il n'écrit plus une ligne. *Quid* d'une relation littérature-cinéma complexe ? «*Que je sois écrivain a une grande influence sur la façon dont je mène mon travail de cinéaste. Mais être cinéaste est un grand handicap quand je me remets à l'écriture.*» Voilà un bel exemple de nœud gordien, dont on ne peut rien faire – sinon le trancher.
Si Christophe Honoré peut arrêter à tout moment de faire du cinéma, et s'il est à l'origine écrivain, serait-il alors un cinéaste fantôme ? Un cinéaste contrarié, là par hasard et qui s'en accommode sans mal ? Non, c'est une vocation... qui n'aurait jamais dû aboutir. «*Très vite, vers douze ans, quand j'ai compris ce qu'était un réalisateur, j'ai eu une espèce de focalisation sur ce métier. Comme un pacte qui se joue à l'adolescence et qui traduit un désir de devenir réalisateur. Je vivais dans un petit village de 3500 habitants au fin fond de la Bretagne où il n'y avait qu'un seul cinéma, le ciné Breiz, qui passait surtout des films grand public le vendredi et le samedi. J'ai eu davantage accès aux films quand j'allais en vacances à Nantes. Aujourd'hui encore, je me demande comment j'ai pu décider d'être cinéaste à douze ans et ne jamais en douter. Alors que c'est presque un scandale social vu le milieu d'où je viens. Quand je disais que je voulais faire des films on me répondait : "Ça te passera."*»
Ça lui passera peut-être, un temps. Les fantômes ne meurent pas.

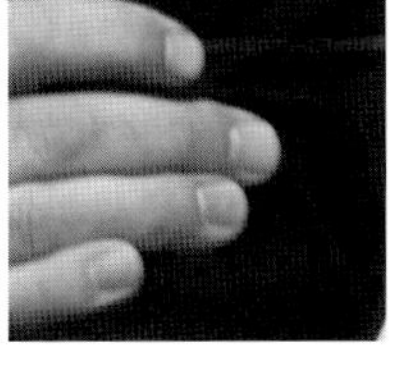

ENKI

BILAL

DESSINE-MOI UN CINÉASTE

Enki Bilal est un monstre de la bande dessinée. Il allie succès populaire, reconnaissance de ses pairs et style unique. Son ambition semble donc légitime. Il a conscience de la qualité et de l'impact de son travail. De son importance aussi, dans un milieu sur lequel il règne comme un artiste avant-gardiste. Cependant, il se retire derrière une modestie polie lorsqu'on lui parle de cinéma. Enki Bilal revendique alors la transversalité des arts, le droit de s'essayer à toutes les formes artistiques et pourquoi pas, de les mixer, comme il l'a fait pour ***Immortel***, son troisième film qui, malgré un certain succès public, garde un goût d'inachevé. « *Toute la partie en 3D est épuisante et sans grand intérêt. Mais j'aime ce film, surtout sa partie de vrai cinéma* », souffle-t-il. Enki Bilal, dessinateur de génie et cinéaste de foi.

À L'ORIGINE, UN PARFUM D'ENFANCE

« À Belgrade, quand j'avais neuf ans, j'ai joué dans un film sur le monde des enfants, sans dialogue et avec une petite musique entêtante qui rappelait un peu l'univers de Jacques Tati. J'avais le rôle d'un gamin qui dessinait à la craie des cow-boys sur les trottoirs de Belgrade. J'ai beaucoup de souvenirs olfactifs et visuels de ce tournage. L'odeur des cuirs qui entouraient les caméras, les pellicules… À partir du moment où j'avais mis les pieds dans le cinéma, il m'a imprégné. Chaque film que je voyais était le détonateur de ma semaine : si je voyais un péplum, je passais ma semaine à dessiner des péplums. »

QUID DU CINÉMA FRANÇAIS ?

« Je ne suis pas du tout un ennemi de la Nouvelle Vague, même si on m'a prêté ces intentions, mais je pense que la Nouvelle Vague a tué l'image et l'imaginaire. Elle a placé le verbe au cœur du cinéma. Et cette règle a marginalisé l'imaginaire jusqu'aux années 90. Il y a en France beaucoup de mépris pour l'image […] *Aujourd'hui, le cinéma d'auteur n'arrive plus à exister, il est dynamité par les films marketing. Ce sont les teasers qui font les films, ce qui précipite la chute de la vraie création. Il faut s'interroger sur la viabilité du cinéma. »*

CASSER LES CLOISONS, LES CODES AUSSI

« Mon travail, que ce soit par la bande dessinée ou le cinéma, a toujours été motivé par l'envie de sortir d'un univers unique. Mes films sont atypiques car hybrides, surtout par rapport au cinéma d'auteur français. C'est aussi pour cela que je ne suis pas accepté par une partie de la critique cinéphile française, j'en ai fait les frais à la sortie de **Tykho Moon***. Quand je fais un film, je ne veux pas faire un film de plus. Je n'ai pas la prétention de casser les codes du cinéma, mais je veux garder ma liberté et essayer de faire à ma manière. Mes films, mes dialogues ne sont pas réalistes. C'est l'anti-cinéma d'auteur, pour lequel le réel est au cœur des problèmes. »*

DERRIÈRE UNE CAMÉRA, DEVANT UNE PLANCHE

« Avant, la BD était assez codifiée donc les différences avec le cinéma étaient radicales. Aujourd'hui, ça a changé. Je me suis affranchi très vite des codes de la BD car ça ne m'intéressait pas de créer en vase clos. Les principales différences entre BD et cinéma concernent les ellipses, le temps, le déroulement d'une scène, le travail des dialogues. Quand on fait une mise en scène de BD, on a une représentation mentale des déplacements. Le grand point commun est la nécessité de faire des choix. Le choix est essentiel car si on ne sait pas le faire, on ne finit pas. »

COUP DE POUCE, COUP DU DESTIN

« Le vrai déclic est venu de Georges Baum, un type formidable qui était l'agent d'Alain Delon, Romy Schneider, Isabelle Adjani. Il m'a appelé pour me conseiller de faire un film. Il venait de produire **Thérèse** *d'Alain Cavalier. Maurice Bernart* (producteur) *m'a incité à me lancer directement dans un long métrage et c'est comme ça que je me suis retrouvé à développer le scénario de* **Bunker Palace Hôtel***, avec Carole Bouquet et Jean-Louis Trintignant dans les premiers rôles ! Ma rencontre avec Alain Resnais pour* **La vie est un roman** (décors et costumes) *et* **Mon oncle d'Amérique** (affiche) *a aussi été très importante. J'ai été marqué par son travail de préparation de la mise en scène avec de petits personnages en 3D. »*

BOURSOUFLURE VISUELLE

« Je n'ai pas un rêve absolu pour le cinéma, ces rêves-là sont pour moi plus accessibles par la BD, parce que j'y ai plus de maîtrise et de liberté. Pour le cinéma, je suis plus pragmatique. Je développe un projet en me laissant porter par mon envie. Avoir envie de faire un film est largement suffisant. La surenchère, l'esbroufe et la boursouflure visuelle ne m'intéressent pas. C'est là qu'il faut garder le lien avec le verbe. J'ai attaqué les intégristes du tout verbe, mais ils ont raison sur un point, c'est défendre la beauté de la langue française. Que j'aime sublimer par le travail de l'image. »

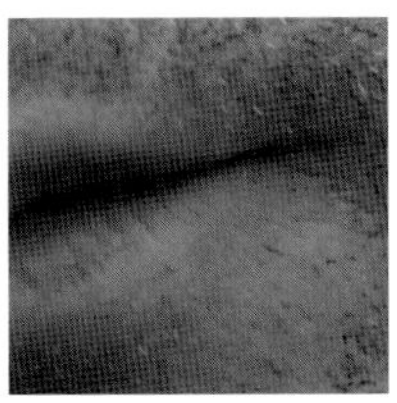

ANTOINE
CHAPPEY

L'APPRENTI COMÉDIEN

Quand il portait sa casquette, ses lunettes noires et qu'il jouait du rock avec ses potes, Antoine Chappey ne demandait rien à personne. Il avait 27 piges. Il ne savait pas encore que Patrick Grandperret allait pointer le bout de sa caméra pour le saisir à l'état sauvage. Sa vie aurait pu basculer, il n'en fut rien. Tout juste prendra-t-il conscience qu'il venait d'ajouter une corde à sa guitare. S'il n'est pas comédien par vocation, ce qui n'est pas une tare, Antoine Chappey s'est très vite impliqué dans ce jeu devenu travail. Classé parmi les premiers seconds rôles – une tradition – du cinéma français, il est aussi un peu prisonnier de cette cage dorée. Il s'en accommode. Ce qui ne veut pas dire qu'il accepte cet état de fait comme une fatalité.

Jouer la comédie est une vocation. C'est comme être médecin, instituteur ou Président de la République ; c'est une vocation, une envie qui remonte à l'enfance et que rien ni personne ne peut entraver. On devient acteur parce qu'on a ça dans le sang. Non ?! Quoi Antoine Chappey ? Il ne voulait pas devenir comédien ? Mais alors, euh… Ça n'a duré qu'un temps. Non ?! Ça fait vingt ans qu'il est comédien ?! Et bouquiniste en même temps !?! Il faudrait en savoir plus, ça paraît suspect. Ce monsieur a des comptes à rendre au cinéma. Jouer la comédie est une vocation. Enfin, je crois.
« *Faire du cinéma n'a jamais été une évidence pour moi. Je suis comédien officiellement, fiscalement pourrait-on dire. Ça a démarré par hasard, par une rencontre avec Patrick Grandperret il y a vingt ans, pour* ***Mona et moi****. Je me disais : "c'est pas possible, c'est une erreur, je ne peux pas être comédien." Au fil des années, j'ai pris du plaisir à ne plus jouer uniquement sur le naturel, mais à construire des personnages. Je suis sorti de l'amateurisme en quelque sorte. Je m'étonne toujours un peu qu'on me choisisse. Par contre, quand j'y suis, j'y suis. Je ne me demande pas ce que je fais là, ce serait atroce. Je fais l'acteur.* » On peut donc être comédien, et très bon, sans que cela soit une vocation. Dont acte.
Sans ***Mona et moi***, Antoine Chappey ne serait jamais passé de l'autre côté de la toile. Ce n'est pas l'urgence qui l'a amené au cinéma. « *Ce n'est pas parce que je fais du cinéma par hasard, que j'en fais par-dessus la jambe. Et ce n'est pas parce que j'aime bien essayer de ne pas jouer comme un acteur, que je ne m'implique pas. Je ne suis pas désinvolte, même si j'aime les personnages qui le sont.* » Il y a beaucoup d'Antoine Chappey dans cette phrase. De sa capacité à être en retrait, mais avec une présence prégnante. Rien chez lui ne se prête à l'inconséquence. Comme « *on est là où on a choisi d'être* », Antoine Chappey assume sa place au premier rang des seconds rôles du cinéma français, ce qui ne le contraint pas à ravaler ses désirs.
« *Mais moi, des purs seconds rôles, ça me va. Bosser avec Beauvois sur* ***Le petit lieutenant****, parfait ! Aujourd'hui, j'ai l'image du mec stable, du régulateur. Simplement, j'aimerais bien des rôles un peu plus hauts en couleurs, comme les rôles de mes débuts.* » Des débuts pétaradants ! ***Mona et moi*** d'abord, peut-être le dernier film rock en date, mais aussi ***La nage indienne*** (Xavier Durringer), ***Pour rire !*** (Lucas Belvaux), ou un peu plus tard ***Le rocher d'Acapulco*** (Laurent Tuel). « ***La nage indienne*** *a eu un mérite. Je me suis dit : "ah tiens, je peux faire l'acteur." Parce que j'avais des tartines de texte qu'il fallait dire à la virgule près et que Durringer était hyper dirigiste. Avant, j'étais filmé un peu comme j'étais dans la vie.* »
Antoine Chappey n'est pas un acteur bankable, puisqu'il est entendu qu'il y a ceux qui le sont et les autres. Aujourd'hui, monter un film sur le seul nom d'Antoine Chappey est quasiment impossible. Et lui doit bien vivre. « *Ces derniers temps, j'ai clairement accepté des projets pour gagner ma vie. Depuis que je suis père de famille, j'ai mis de l'eau dans mon vin. C'est triste à dire mais avant, je pouvais partir dans des projets difficiles, deux ans sur un tournage, non rémunéré, avec un mec pas facile voire odieux… Est-ce que j'en serais encore capable ? J'ai pas mal de boulot comme libraire et il faut que je gagne ma vie. Ça ne rigole plus. Mais je garde un œil sur les grands cinéastes !* » La désillusion guette aussi ceux qui ne sont pas là par vocation. Antoine Chappey a payé pour voir. « *Il y a des gens que le cinéma ennuie, moi jamais. Mais je ne suis pas forcément enchanté de la façon dont tout cela se passe. Je suis assez conscient de la difficulté actuelle des choses.* »
Antoine Chappey n'a jamais été comédien à la vie, à la mort. Quelle meilleure échappatoire à l'amertume ?

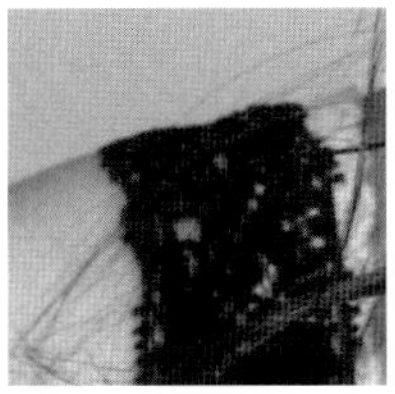

JEANNE
BALIBAR

CORPS DE CONTRASTES

Il ne faudrait jamais vouloir approcher Jeanne Balibar sans son précis de la désorientation. Qu'elle soit actrice, chanteuse, modèle ou muse, Jeanne Balibar élève le niveau d'exigence là où beaucoup n'oseraient pas se risquer. Capable d'oser le silence, jouant de son aisance comme on s'amuserait d'un vieux jouet, Jeanne Balibar donne au métier d'actrice une approche nouvelle : l'instinct est l'origine, la réflexion un premier aboutissement. « *J'aime le cinéma car c'est un endroit où l'on arrête de réfléchir. Ou plutôt un endroit où l'on réfléchit dans l'action. C'est quand je suis dans le bus que je me dis : "ah tiens, faire l'actrice c'est ça."* » Et le silence se fait.

Il est un terrain qu'il reste à conquérir : celui du malaise, de la lenteur conjuguée à la volonté de ne pas rendre les choses faciles. « *Je suis souvent lente à démarrer en interview, mais après, ça se fluidifie…* », s'excuse-t-elle sans se sentir coupable de rien. Jeanne Balibar est au quotidien ce qu'elle est au cinéma : insaisissable, à contretemps, éperdue. Dans une chanson de son dernier album, ***Slalom dame***, elle dit : « *Mon cas m'isole / Oui je suis folle / C'est mon secret / De séduction.* » Cette chanson s'intitule *Cinéma*, parle du cinéma de la vie quotidienne, pas du septième art. « *Mais c'est vrai que j'ai souvent joué des rôles de fofolles au cinéma…* » On n'en saura pas vraiment plus. Et c'est mieux comme ça.
Jeanne Balibar ne perd pas son temps. Elle l'optimise. Sport-Études (danse), khâgne, École Normale Supérieure, maîtrise d'Histoire, Cours Florent, Conservatoire National Supérieur d'Art Dramatique ; voilà pour le bagage académique. Et ce n'est pas en cherchant dans sa filmographie (***J'ai horreur de l'amour***, ***Va savoir***, ***Ne touchez pas la hache*** et ***Le stade de Wimbledon*** en tête), que l'on dénichera l'intrus, le relâchement coupable, la mouche dans le lait.
Même quand elle répond aux sirènes de la télévision (***Les rois maudits***, Josée Dayan, 2005), Jeanne Balibar s'assure du bien-fondé du projet. « *Le casting des* ***Rois maudits*** *est le plus anticonformiste depuis longtemps… J'ai un respect infini pour Josée Dayan qui, en prime time, montre des visages et des corps d'acteurs qui racontent quelque chose d'extrêmement contestataire. Ce n'est pas une question de performance, mais vraiment de donner droit de cité à d'autres corps que ceux de la publicité.* »

Jeanne Balibar est décidément un drôle d'oiseau. Que l'on croit fragile, et qui peut se révéler indolent. Pouvant jouer de sa féminité, et vous planter là sans prévenir, avec un point d'interrogation au-dessus de la tête. Une actrice toujours en prise avec ce qui entoure et régit son métier. En particulier quand il est question de l'économie du cinéma, qui conduit au formatage et à la disparition progressive de la politique des auteurs.
« [Long silence] *J'aurais tendance à dire que c'est aujourd'hui la victoire totale de la connerie. Une victoire de classe, idéologique…* »
Puis, Jeanne Balibar évoque la figure de l'artiste maudit : Baudelaire, Lautréamont, Artaud, Rimbaud… Ces artistes-là n'avaient pas pignon sur rue, ils n'évoluaient pas dans les sphères dominantes. « *Le cinéma a permis à certains artistes d'échapper à cette malédiction voulue. Et c'est peut-être ça qui est en train de se perdre aujourd'hui. Je ne dirais pas que le cinéma est mort, mais que pour un artiste qui fait du cinéma, acteur ou metteur en scène, s'il est très intransigeant, c'est devenu impossible d'habiter les lieux de pouvoir.* » Un autre silence plus tard : « *Sinon, il y a une autre manière de voir les choses, extrêmement sinistre, qui serait la manière hégélienne : l'esprit est parti ailleurs.* »
Et Jeanne Balibar n'est pas décidée à laisser le cinéma dépérir sous ses yeux. « *Faut qu'on résiste ! J'essaie d'être dans des œuvres qui interrogent, qui ont en elles un lieu de vacillement. Après, si pour pouvoir faire cela il faut un peu se compromettre avec les pouvoirs en place, je le ferai.* »
C'est au prix de ce combat pour défendre son art et son métier que Jeanne Balibar préservera sa fragilité d'actrice éperdue.

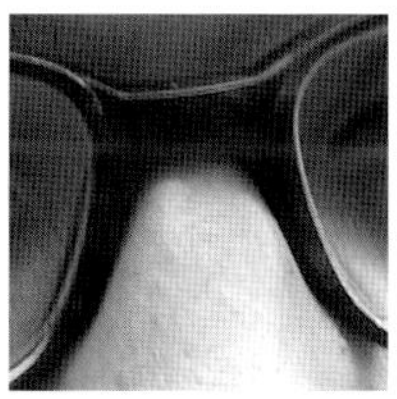

RAPHAËL
NADJARI

L'OBSCUR OBJET DU DISCOURS

Raphaël Nadjari s'aventure sur un terrain glissant, celui du questionnement. Si son travail est un déploiement de ses références et de ses intuitions, pour que la question résonne au plus fort, il est aussi un affront à la didactique ambiante. Alors, le flou, l'incertitude et la fragilité reprennent leurs droits et confèrent au cinéma de Raphaël Nadjari cet indéfectible caractère philosophique. «*Je pose des questions car je n'ai pas de réponses*», confie-t-il dans un sourire complice. «*Je refuse le systématisme et la catégorisation. Le questionnement permet un dialogue.*» L'homme et ses films se rejoignent en ce point précis : ils suscitent l'interrogation. Personnages en clair-obscur, films à entrées multiples, tout est lié au discours sans que rien n'apparaisse jamais comme définitif.

Raphaël Nadjari est un cinéaste né en France, passé par Marseille, Strasbourg, Paris, New York et Tel-Aviv, qui n'a fait des films qu'à New York ou en Israël et qui est philosophiquement apatride. « *J'ai de plus en plus de mal à avoir un regard sur quelque chose de national. Le cinéma français est intéressant quand on ne s'occupe pas de cinéma français, mais des histoires qu'il raconte. Le cinéma américain ne se pense pas comme le cinéma américain, il se pense comme le cinéma. Quand on fait un film, que l'on raconte une histoire, on ne sort pas un drapeau. Je n'arrive pas à me positionner sur ce terrain-là et les productions de chacun de mes films mêlent deux nationalités différentes.* » Et comme souvent avec Raphaël Nadjari, il poursuit sa réflexion, après s'être accordé quelques secondes de pause. « *Charlot n'avait pas de langue, il s'exprimait par le corps et l'esprit et s'adressait à tout le monde. Le cinéma n'a pas été pensé en terme de nationalisme. D'ailleurs, je ne comprends pas l'idée de nationalité pour un film.* »

Hypothèse (car avec Raphaël Nadjari, il devient impossible d'énoncer une thèse) : si c'est un cinéaste qui pose des questions, qui fait de l'interrogation le cœur de son travail, ce serait parce qu'il a une personnalité multiple. Donc, indéfinissable. À l'image de son cinéma, impossible à circonscrire dans le moindre espace-temps et/ou référentiel. « *Le cinéma est venu à moi par petits bouts. Je n'ai pas trop de récit : ça s'est fait par la photo, les arts plastiques, l'écriture, la lecture, qui ont créé une intuition. Mais depuis que j'ai commencé à bosser, j'ai toujours l'impression de faire mon premier film. De recommencer. C'est un tissage. Ça se fait comme ça, je n'ai pas l'impression d'avoir des acquis. Je recommence toujours à zéro.* » Et souvent différemment, se laissant aller à l'expérimentation des divers formats cinématographiques (16mm, 35mm, super 8 ou HD) pour coller au plus près de son histoire. Au plus juste.

Tout cela compose le cadre. Chez Raphaël Nadjari, l'histoire, le format, la technique dessinent les contours d'une organisation qui trouve son sens dans l'émergence des possibles. « *J'entretiens un rapport organique aux lieux, je donne ma confiance aux comédiens et je travaille sur le comportement que j'adopte avec eux… Tout cela permet aussi l'improvisation.* » Ses films, de ***I am Josh Polonski's Brother*** (2000), à ***Tehilim*** (2007) en passant par ***Apartment #5C*** (2002) ou ***Avanim*** (2004), offrent cette incertitude, cette fragilité interrogative qui crée le dialogue. Par l'image – et il en est de même par le discours – Raphaël Nadjari repousse aussi loin que possible la propagande. Même quand il tourne sur les terres israéliennes, lieu politique si fort qu'il lui faut toute sa foi pour ne pas véhiculer des images de représentation. « *Je ne vends pas d'image et je ne suis pas là pour représenter quoi que ce soit. Tout est très fragile. Je ne veux pas faire un cinéma de thèse. Ce qui m'intéresse c'est de créer des positions et essayer de défaire la position de vérité. Que la vérité soit au milieu de ces positions et non pas une position. Je ne veux pas qu'un personnage habite la position de vérité.* » Là, une pause s'impose.

On reprend. L'interrogation est au cœur de son cinéma. Elle est aussi au centre de sa réflexion. Pourquoi fait-il du cinéma, lui qui est passé par la faculté des Arts Plastiques de Strasbourg ? « *Ce qui est intéressant dans le cinéma au-delà du fait que c'est de la peinture, de l'écriture, de la musique, et cætera. C'est de pouvoir faire le contraire de la littérature et le contraire des images. Chaque art est présent, mais il est contredit par un autre art avec lequel il cohabite. Le cinéma n'est pas un art d'images. C'est un art de mouvements. Pour moi, revenir à d'autres formes d'art majeur me gênerait un peu. Ça serait refaire le coup de la position de grande vérité qui peut tout résoudre. Alors que le cinéma est un media qui n'a franchement pas résolu son problème.* »

Et plutôt que de chercher la solution, Raphaël Nadjari s'échine à soumettre le cinéma à d'autres interrogations, encore et encore.

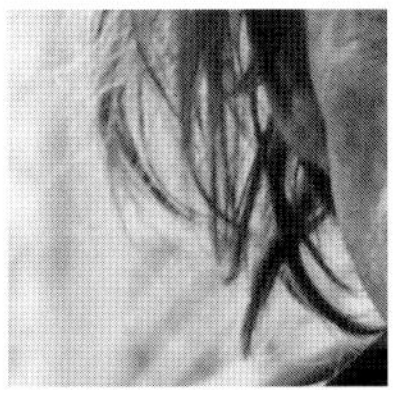

DENIS
LAVANT

DANSER AU BORD DES MARGES

Denis Lavant s'est échoué sur une terre inconnue, quelque part entre Corona street et David Bowie boulevard. Avec cet acteur formé à l'école du mouvement et de l'expression des corps, il est impossible de ne pas céder à la tentation d'illustrer son travail par deux scènes monstrueuses : sa longue course d'exorcisation sur *Modern Love* de David Bowie et sa danse de Djibouti, celle d'un légionnaire utopiste ravagé par la jalousie et le désir, sur *Rythm of the Night* de Corona. Deux scènes pour deux films (***Mauvais sang*** de Leos Carax et ***Beau travail*** de Claire Denis) qui sont à la filmographie de Denis Lavant ce que le monologue de *La nuit avant les forêts* est à l'œuvre de Bernard-Marie Koltès. Le long cri d'un homme paumé, qui ne peut supporter la violence d'un monde déshumanisé.

La mémoire s'acharne parfois à ne retenir que certaines scènes. Dans ***Beau travail***, Denis Lavant, d'abord à l'arrêt, enchaîne les pas qui le mènent tout droit au cœur du chaudron de Djibouti. La scène, magnifiée par la caméra-œil de Claire Denis, prend ancrage dans l'hippocampe. La connexion Claire-Denis-Lavant est alors établie, à vie. «*Pendant la préparation de* **Beau travail***, j'ai été écarté du projet parce qu'au même moment, je jouais au théâtre. Finalement, Claire Denis est venue me repêcher car elle voulait vraiment que je joue le rôle de Galou. Mon principal enjeu était de faire corps avec le pays, de me mettre en osmose complète et brutale avec la nature et la matière. Et puis, il y a cette danse finale, comme un jaillissement… Je n'avais pas d'indications pour cette scène. Claire Denis est de ces cinéastes qui sont dans une vraie jubilation de création au moment du tournage. On a communiqué par échos poétiques, c'était magnifique !*»

Denis Lavant maîtrise assez l'art de la pantomime pour y injecter le virus des mots. Il joue d'un corps dont il maîtrise tous les muscles, s'amuse de son verbe. Denis Lavant ne bascule jamais d'un côté ou de l'autre, il tient sur un fil et trouve son équilibre dans cette prise de risque permanente. «*Être comédien c'est accepter de sortir de soi-même, de se déplacer. C'est une prise de risque qui se fait en direct au théâtre et en laboratoire au cinéma. Je n'ai pas vraiment de construction préméditée d'un personnage. C'est une songerie qui devient réalité grâce à l'expression des corps et au sens des mots.*» Cet équilibre, Denis Lavant le met à mal à chaque nouveau rôle. C'est à ce prix que sa passion pour le métier d'acteur survit. Et lui avec.

«*J'ai compris des choses sur mon métier de comédien grâce au cinéma. Notamment sur la capacité à sculpter son corps, à l'adapter à un rôle. Mais pas à la façon de l'Actor's Studio, plutôt de l'intérieur. Pour* **Les Amants du Pont-Neuf** (Leos Carax)*, ça a été en plongeant dans l'alcool, dans un misérabilisme éprouvant. C'est pas très drôle. J'ai failli y laisser ma peau. Leos voulait que je propose quelque chose : alors moi, j'ai fait la tournée des bars, erré dans la rue. Puis j'arrive sur le tournage et je vois ce qui se passe en étant dans cet état-là. Après tu te rends compte que ça ne suffit pas car il faut aussi être dans le contrôle. Tu ne peux pas être dans un abandon total.*» Et Denis Lavant retrouve son fil, aussi ténu qu'une promesse d'assagissement.

Ce n'est pas sa dernière aventure qui emprunte le chemin de la tranquillité (en langage Lavant, comprendre passivité). Harmony Korine, cinéaste indépendant américain et réalisateur du troublant ***Gummo***, a offert dans son dernier film, ***Mister Lonely***, un rôle sur mesure à Denis Lavant : celui du sosie de Charlie Chaplin. «*Il y avait dans ce projet deux enjeux qui me foutaient les foies : jouer en anglais, car la langue est l'instrument du comédien, et faire le sosie de Chaplin. Ça a été l'un de mes tournages les plus jubilatoires.*» Aussi jubilatoire pour lui que l'expérience ***Mona et moi*** (de Patrick Grandperret). «*Grandperret et moi, on s'est rencontrés en se récitant des poèmes qu'on connaissait par cœur ! Je suis ravi d'avoir joué dans* ***Mona et moi*** *d'autant qu'après le tournage je me demandais comment il allait faire pour faire un truc qui tient la route. C'est un vrai film rock.*»

Un film rock, dans la bouche de Denis Lavant, c'est à prendre au tout premier degré : un film déjanté, anarchique, volontaire, puissant et poétique. Un film qui pourrait restituer l'énergie du théâtre, sa vocation première, sa source (vitale) d'inspiration. «*Mon rapport au cinéma est aussi flou pour cela : je reconnais l'extraordinaire caractère de l'éphémère. La représentation directe au théâtre n'existe pas au cinéma. Je pourrais vivre sans le cinéma, qui pourtant me nourrit et me fascine. Mais j'ai besoin du théâtre, ça oui.*»

Denis Lavant a besoin de se sentir vivre. Et c'est en frôlant la mort de l'âme, du corps et du jeu qu'il y parvient.

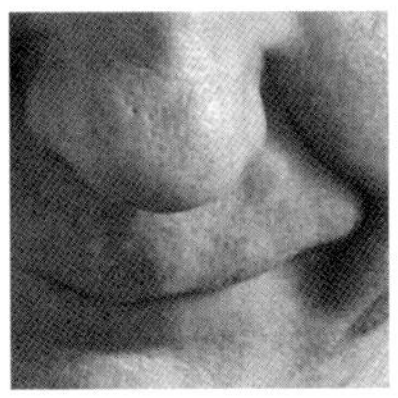

JACKIE BERROYER

DU DILETTANTISME COMME HYGIÈNE DE VIE

Bien que roi des dilettantes, Jackie Berroyer n'est pas le plus inactif de tous. Musicien dans l'âme, il n'est pas devenu instrumentiste. Homme de télé providentiel, il n'a jamais pris racine dans le star system. Écrivain pour lui et pour les autres, sa plume l'a conduit jusqu'à cette phrase aussi juste que terrible : « *Aujourd'hui, il n'y a plus de miettes pour les poètes.* » (*Des nouvelles du cinéma – Une première fois*, Le thé des écrivains, Paris 2003). Critique pour *Charlie Hebdo*, *Libération* ou *Rock & Folk*, acteur, dialoguiste et scénariste pour le cinéma, il n'a jamais manifesté la moindre ambition. Jackie Berroyer fait, mais n'a jamais l'air d'y toucher. Il paraît toujours à côté (de la plaque), en marge (du système) ou détaché (de tout).

ETAT DES LIEUX DE LA CRÉATIVITÉ

« Il y a des périodes fastes et des périodes molles. Il y a une époque, certains producteurs n'avaient pas une trajectoire de vie commune. Je pense à Bruno Coquatrix, Eddie Barclay ou Humbert Balsan, par exemple. Et je me demande s'il y aurait encore de la place pour des gens comme ça aujourd'hui. La machine tourne dans un autre sens. Je ne sais pas s'il existe encore des chemins de traverse, s'il y a une transversalité possible pour des gens un peu hors cadre comme je semble l'être. Alors que la machine a justement intérêt à ce que l'on se comporte tous comme des veaux. »

LE CINÉMA ENTRE HASARD ET COÏNCIDENCE

« J'ai d'abord été sollicité pour des petits passages symboliques dans des films dont je participais à l'écriture. Puis ça s'est enchaîné un peu bizarrement. J'ai écrit avec Laurence Ferreira Barbosa qui m'a donné le rôle principal dans **Les gens normaux n'ont rien d'exceptionnel** *puis avec Pascal Bonitzer pour* **Encore**, *mais c'est Fabrice Luchini qui devait tenir le premier rôle. Je n'ai jamais cherché à devenir comédien. Le cinéma a toujours occupé une place un peu vague dans ma vie. Je le vis toujours un peu au jour le jour, sauf que je n'ai pas 25 ans mais 60 ans. En ce moment on ne me propose pas grand-chose et je n'ai jamais rien demandé à personne. J'ai tendance à penser que je me donnerais un profil de looser si j'allais demander un rôle à un cinéaste. J'avoue que j'aurais aimé soit que tout un tas de gens s'intéressent à moi, et je le dis sans amertume, soit être récurrent dans des films de cinéastes avec qui j'ai aimé tourner. Je pense surtout à Bonitzer. »*

PEUT-ON TOUT FAIRE ?

« On ne me sollicite pas pour les pantalonnades. Par exemple, on aurait pu m'appeler pour **Camping** *et je pense que je l'aurais fait, je n'aurais pas eu la radicalité de condamner le truc parce que trop facile. Michel Serrault m'a toujours dit : "Tu fais tout, en faisant du mieux que tu peux et ce n'est pas si important que cela." Je n'y vais pas que si je sens qu'il y a une idéologie crasse. Bon la question ne se pose pas car on ne me sollicite pas tellement. Mais, j'ai par exemple toujours refusé la pub. J'étais le premier à qui La Poste a proposé ses spots, mais j'ai dit non. Bon, c'est entre moi et moi, pas pour mon image. Ce sont des restrictions que je n'ai pas pour le cinéma. »*

PLAISIRS D'ACTEUR

« J'ai l'impression que la présence au cinéma est un vrai mystère que je ne m'explique pas. Il y a des mecs qui disent "passe-moi la moutarde" et on est à fond avec eux. Aujourd'hui, j'ai du plaisir à jouer, je prends ça plus au sérieux. Je suis content d'avoir participé à l'un ou l'autre film dont je suis fier, comme ça je peux mourir tranquille. J'aimerais bien que cela m'arrive encore. Je vois parfois des rôles que j'aurais aimé jouer. »

QUEL AVENIR POUR LE CINÉMA ?

« Je me souviens d'un entretien que j'ai donné à Libé il y a quinze ans. Je disais qu'il y avait trois jeunes cinéastes, Besson, Beinex et… j'ai oublié le troisième. Mais que ça allait changer et qu'une vingtaine de gars étaient prêts à émerger. Comme une Nouvelle Vague mais sans manifeste. Et c'est ce qu'il s'est passé. Et le nouveau cinéma français ne s'arrête pas. De jeunes cinéastes me sollicitent et ça me plaît. J'aime suivre cette aventure. »

LEÇON DE DILETTANTISME

« Le fond moral de l'affaire, c'est de mériter sa liberté. Je ne défends pas la méritocratie. Je me dis que d'autres gens mériteraient plus ma place que moi car ils ont plus d'aptitudes à l'autodiscipline. Je ne suis pas le seul parmi les artistes à avoir cette lacune, sauf les hyper angoissés qui développent du coup une discipline de fer. Moi je reste avec mon petit merdier et je tâche de mériter ma liberté. »

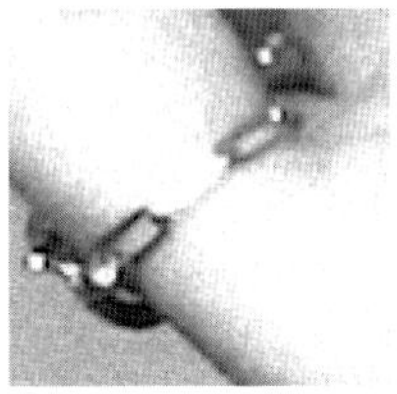

FLORENCE LOIRET-CAILLE

LE MOUVEMENT PERPÉTUEL

Si l'on s'interroge sur l'idée quelque peu périmée que le cinéma est une usine à rêves, Florence Loiret-Caille écarte les derniers doutes et rappelle par sa carrière, son histoire et ses choix, que le cinéma est une prise de risque artistique, faite de plaisirs et de concessions, un peu comme dans la vie de tous les jours. Parce qu'elle galère pour avoir ses heures et préserver son statut d'intermittente, parce qu'elle refuse de faire un film pour faire un film, parce qu'elle met parfois les deux pieds dans la télé pour vivre, Florence Loiret-Caille est une actrice normale. Qui devient géniale lorsque son métier devient passion, lui ouvrant des chemins d'exploration qu'elle ne se refuse jamais à emprunter. Se glisser dans la peau d'un personnage la sublime – elle peut alors s'oublier et jouer. « *Je ne sais faire que ça, jouer* », lâche-t-elle, mutine.

Dans un entretien donné à *l'Humanité* (paru le 4 septembre 2003) sur la question de l'intermittence, Florence Loiret-Caille avait dit sa crainte de « *ne plus pouvoir choisir les films dans lesquels elle veut jouer* » et prendre conscience de « *la notion du jeu qui se mêle à celle de survie.* » Qu'en est-il quelques années plus tard, un soir de mars 2007 ? « *Cette période a été un tournant dans ma vie car j'ai perdu mon statut d'intermittente pendant deux ans et demi, jusqu'à ce que j'aie de nouveau assez d'heures.* » Quand en 2003, les intermittents ont crié leurs problèmes et manifesté haut et fort leurs inquiétudes, Florence Loiret-Caille était avec eux. « *C'était la première fois que je sentais la communauté des artistes unie, ce n'était pas chacun pour soi. Puis il y a eu le documentaire de Claire Denis,* **Nous avons eu le protocole**, *un acte fondateur de cette manifestation collective.* »

Pour Florence Loiret-Caille, c'était l'heure du constat tant redouté : la notion de jeu et la nécessité de (sur)vivre sont liées. « *J'ai dû tout accepter : des téléfilms où l'on te demande des trucs pas possibles parce que c'est à toi de faire avancer l'action, où ton jeu devient automatique et où il n'y a que du champ / contre-champ. La télé est un lieu d'humiliations et de moqueries. En rentrant d'un tournage pour la télé, on se demande si on est encore capable de jouer, de s'abandonner un peu… Alors, quand arrive un film de cinéma ambitieux, on savoure, on profite de l'espace qui nous est donné.* » Le jeu est au cœur de la vie de Florence Loiret-Caille, et quand il est question de survie, c'est le jeu qui trinque, donc son cœur qui saigne.

Il ne faudrait pas se laisser berner par la première image que renvoie son physique frêle et fuyant. Petit oiseau perdu en apparence, c'est en réalité une gazelle insaisissable. Vive, alerte, réactive, elle ne laisse rien passer et refuse de se laisser prendre. Pour l'avoir sous son aile, il faut être de sa trempe, s'investir corps et âme. « *Ma rencontre avec Claire Denis a été un moment unique. Elle ne m'a pas parlé, elle regardait comment je bougeais. Et moi aussi… C'était une vraie respiration. J'aime aussi rencontrer des acteurs qui font que l'on s'oublie. Qu'on est là pour jouer et pour être quelqu'un d'autre. Pour témoigner de quelque chose et pas de nous-mêmes. Être acteur, c'est juste être un relais.* »

Chez Florence Loiret-Caille, la normalité devient atypique. Son approche du métier d'actrice, simple et épurée, détonne dans un paysage où l'ego a valeur de passe-droit. « *J'ai été élevée en Indonésie où j'ai vécu de trois à dix-sept ans et là-bas, le théâtre fait partie de la vie. C'est un espace sacré et tout le monde y participe. Un jour, ma mère m'a emmenée voir les actrices d'Ariane Mnouchkine à la Cartoucherie. Voir ce lieu, les acteurs se préparer, c'est comme si j'avais retrouvé mon pays d'enfance. Et je me suis dit que c'est là que je serai bien, que je ne serai pas fragile. Ou au moins, que ma fragilité servirait à quelque chose. C'est toujours le même paradoxe : je joue à ne pas être moi et c'est ça qui me plait.* »

Quand elle est actrice, Florence Loiret-Caille ose tout, jusqu'à l'abandon. « *Sur le tournage de* **Trouble every day**, *j'étais dans un état second. Je me souviens par exemple qu'après la scène d'amour-cannibale avec Vincent Gallo, j'ai pris une douche et l'eau était rouge. Je n'avais pas réalisé que c'était le sang des effets spéciaux et c'est trois jours après que je me suis rendue compte que j'avais des bleus et des hématomes partout. C'est là que je me suis dit que j'avais traversé quelque chose et que je prenais conscience de la violence de la scène. Quand j'ai vu le film, je me suis dit : "C'est pas moi." D'ailleurs, quand je vois les films dans lesquels je joue, je me dis que c'est comme une autre vie, comme si j'avais mué. C'est pour ça que j'ai du mal avec les photos, ça me fait peur car je ne suis pas à l'aise avec les choses figées. J'aime le mouvement.* »

Alors, quand il a fallu faire son portrait, Florence Loiret-Caille a senti son corps se raidir. Puis, face à l'objectif, elle a joué. Pour devenir quelqu'un d'autre et ne plus avoir peur.

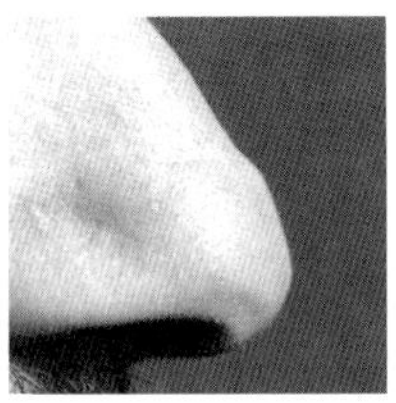

GUSTAVE
KERVERN
&
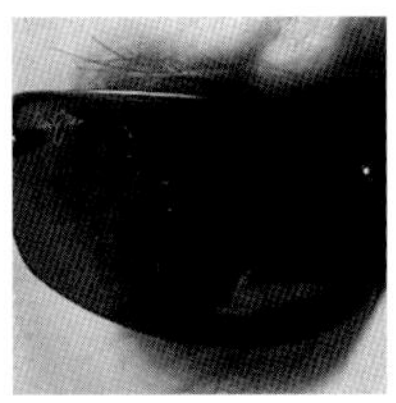

BENOÎT
DELÉPINE

SUR UN AIR DE CINÉ-ROCK

Gustave Kervern et Benoît Delépine signent le grand retour du romantisme-décadent. S'ils font des films ensemble et n'envisagent pas de casser leur heureuse collaboration, c'est sûrement qu'un amour fou les lie, non ? Non. C'est parce qu' « *on ne change pas une équipe de merde.* » Le décor est planté, comme toujours dans leurs films, deux à ce jour (***Aaltra*** et ***Avida***), un troisième en préparation (***Louise-Michel***). Ces deux-là sifflent aux oreilles des cinéphiles un air de jamais entendu. Avec un goût certain pour l'incorrect et le dérangement considérable, Gustave Kervern et Benoît Delépine portent haut une citation de Lars von Trier : « Un film doit être comme un caillou dans la chaussure. »

Ces deux-là sont faits pour déconner ensemble. La Présipauté du Groland ne s'en plaint pas. Associés à d'autres malfaiteurs du bien-pensant (Francis Kuntz, Jules-Édouard Moustic, Christophe Salengro et compagnie), Gustave Kervern (on dira Gus) et Benoît Delépine (on dira Ben) ont aiguisé leur savoir-défaire dans la dernière émission poil à gratter d'un triste PAF. C'est donc sur le territoire grolandais qu'ils se sont rencontrés, à la grande joie de Gus, «*né sous une bonne étoile.*» Pour Benoît Delépine, comme il y a eu à la télévision un avant *Groland* (*Les Guignols*) il y a eu au cinéma un avant Gustave Kervern: ***Michael Kael contre la World News Company***. «*Une vraie bonne expérience dans le sens où ça m'a montré tout ce qu'il ne fallait pas faire: scénario réécrit quinze fois, gros budget, énorme équipe, des gens qu'on ne connaît pas, tournage lointain, galères en tout genre, obsession du résultat... De l'industrie, pas de l'artisanat. De la variet', pas du rock. Mais je reste fier du fond politique du film et de mon ami réalisateur Christophe Smith*», lâche Benoît Delépine.
Alors, quand ces deux marlous décident de confondre leur talent, c'est pour vivre le cinéma comme un groupe de rock vit une tournée. À l'origine de leur premier film (***Aaltra***), il y a l'idée de tourner un road movie en chaise roulante. «*On voulait pouvoir tourner n'importe quand et n'importe où, sans contraintes. On voulait être libres de changer un texte, une situation à tout moment. C'est ce que l'on a fait sur nos deux films.*» ***Aaltra***, très vite suivi d'***Avida*** (autre road movie, sans chaises roulantes, mais avec des saucisses empaillées) participent à la survie d'un cinéma profondément moderne, qui ne néglige ni le fond ni la forme. Un cinéma qui fait confiance au spectateur. «*Il faut au spectateur une grande disponibilité pour aller voir des films "anormaux" et le spectateur ne veut souvent qu'un simple divertissement, ce qui est somme toute légitime. On essaye d'aller un peu à contre-courant, tel le saumon retrouvant la naissance du cinéma. Oui, nous sommes des saumons! Des saumons non pas d'élevage, mais des saumons sauvages qui, contournant les pattes des ours goulus, iront pondre coûte que coûte une idée à la con*», prophétise Gus.

Il faut du cran pour faire ce cinéma-là, juste héritage des films de Jodorowski, Kaurismaki et Arrabal. Le génie y côtoie le clown, le burlesque se mêle à l'émotion pure, et le cynisme n'est pas lâche. On se dit qu'il faut avoir une grande confiance en soi pour envisager le cinéma sous cet angle ressuscité. «*Nous doutons beaucoup, mais moins par moins égale plus!*», se réjouit Ben, rassurant son compère, facilement en proie au(x) doute(s). «*Je n'ai jamais eu confiance en moi. Il n'y a que depuis un ou deux ans que je ne flippe pas avant d'écrire ou de présenter un texte... et encore, je rougis régulièrement quand on parle de mon boulot. Par contre, le fait d'être deux, et le fait que ce soit Benoît m'enlèvent beaucoup de stress.*»
Et puis, il suffit de jeter un coup d'œil à la liste des gens qui ont suivi l'aventure ***Aaltra*** (Vincent Tavier, Bouli Lanners, Benoît Poelvoorde, Aki Kaurismaki) puis ***Avida*** (Mathieu Kassovitz, Jean-Claude Carrière, Albert Dupontel, Kati Outinen, Claude Chabrol) pour comprendre que ces deux-là ne sont pas des imposteurs. «*Dans ces deux films, j'ai surtout appris à quel point le cinéma, c'était avant tout capter le mystère qui est en tout et en tous. Alors que dans la vie, je suis effroyablement distrait, à côté de la réalité, incapable de vous décrire le lieu où j'étais deux heures auparavant, je me souviens par contre de chaque seconde d'**Aaltra** et d'**Avida**. Deux aventures humaines extraordinaires, quasi-mystiques*», souffle Benoît Delépine.
Eux font du cinéma, quand en France on confond parfois la toile avec le petit écran. «*Le cinéma français n'est pas du tout ma came. En même temps, je suis content d'être dans un pays où le cinéma reste aussi important dans la vie des gens; je pense aux sujets de conversation, financement, nombre de salles art et essai, et cætera*» confie Ben. Pour Gus, le cinéma français est «*à l'image de la France: mou du cul. Je m'excuse d'employer cette expression un peu grivoise, qui va faire tache dans cet ouvrage luxueux. Je tiens toutefois à préciser que, à l'instar de mes compatriotes, j'ai souvent moi aussi une mollesse du fessier. C'est contagieux apparemment.*»
Que ces deux-là ne se séparent jamais! On ne change pas une équipe de merde.

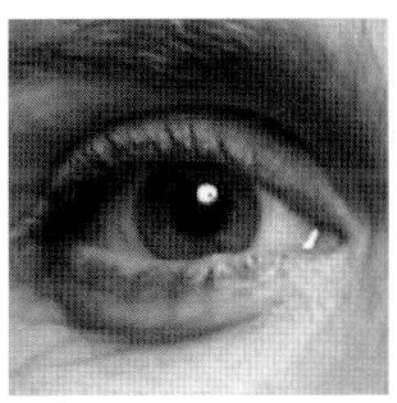

ISABELLE CARRÉ

PLURIELLE ET SINGULIÈRE

Isabelle Carré a fait de la nuance son atout maître. À chaque film, elle redistribue les cartes d'un jeu dont elle seule connaît les règles. Peu importe, qu'elle bluffe ou qu'elle avance à découvert, Isabelle Carré s'exécute toujours avec une mesure qui rend possible l'un et le multiple. Et lui autorise toutes les folies. Comme la schizophrénie, une pathologie qui sommeille en chaque acteur et qu'elle dompte avec délicatesse. «*J'aime bien cette phrase qui dit : "On n'est pas un, on est mille." Il y a l'idée de se découvrir à travers des rôles qui révèlent certaines facettes de sa personnalité.*» Isabelle Carré est une actrice complexe, qui a fait de la nuance son atout maître. Jouez !

À la question : «*Elle a fait quoi Isabelle Carré ?*», il est bien difficile de répondre. Certainement pas parce qu'elle ne fait rien, mais la multiplicité de sa filmographie généreuse force à la nuance. Isabelle Carré a joué une jeune insouciante qu'on ne lâche jamais (***La femme défendue***, Philippe Harrel), une amnésique qui va réapprendre l'amour (***Se souvenir des belles choses,*** Zabou Breitman), une femme désireuse du sentiment d'amour (***Les sentiments***, Noémie Lvovsky), une mère adoptive (***Holy Lola***, Bertrand Tavernier)... Respiration. On reprend : une critique de cinéma intello aux mœurs sexuelles à géométrie variable (***Eros thérapie,*** Danièle Dubroux), une femme prise au piège de l'amour-passion (***Entre ses mains***, Anne Fontaine), une femme qui court l'amour dans les petites annonces (***Cœurs,*** Alain Resnais), une érotomane (***Anna M.*** Michel Spinosa)... Entre autres rôles, où l'amour rôde toujours.

Actrice depuis bientôt vingt ans, Isabelle Carré se nourrit de ses personnages comme d'autres sont boulimiques d'expériences. Avec cette idée de ne jamais faire deux fois la même chose. «*Je ne veux pas prendre le risque de me caricaturer. Ce qui m'importe, c'est de choisir des films qui s'approchent de la vérité, qui n'est pas manichéenne mais complexe. J'aime les rôles qui témoignent d'un parcours, d'une ambivalence.*» Elle fuit le métier s'il devient mécanique et l'embrasse quand il ouvre sur le monde. Si c'est rond, c'est (Isabelle) Carré. «*J'ai l'impression de tracer des cercles autour de mon rôle pour pouvoir l'appréhender* [elle sourit]. *Ce qui m'intéresse, ce sont les films qui me font découvrir un univers pour comprendre mon rôle. C'est pour ça que j'ai beaucoup aimé faire l'érotomane dans* ***Anna M.*** *ou aller au Cambodge pour* ***Holy Lola.***»

Isabelle Carré vit le cinéma comme un privilège parce qu'il est une lucarne sur un monde qui bouge. «*Ce que j'ai vécu au Cambodge grâce à* ***Holy Lola,*** *je ne l'aurais peut-être pas vécu pareil en y allant toute seule. J'ai de plus en plus envie de me diriger vers ça, vers la découverte du monde à travers mon métier d'actrice.* ***Holy Lola*** *a été un choc qui a modifié mon regard. C'est ce que l'on souhaite aussi quand on est spectateur, être modifié, même quelques heures... Ça peut être dans la légèreté, dans des phases plus sombres ou plus heureuses.*» Et toujours ce souci de la nuance qui vient ponctuer son propos.

Il y a aussi de l'intransigeance chez Isabelle Carré. Le refus de faire le film de plus, par exemple. La volonté de s'impliquer sans limite dans un rôle qui pourrait la pousser à l'introspection. «*Avec* ***Anna M.,*** *je me suis investie pour la première fois dans un rôle très physique. J'avais des doutes, je me demandais si je pouvais faire peur physiquement. Dans ma vie, je ne suis pas du tout dans la violence. Évidemment que j'en ai en moi mais elle est refoulée et introvertie. La dernière fois que je me suis battue, j'avais sept ans et c'était dans la cour de l'école.*» On l'imagine prendre des coups. Comme on craint le pire pour son adversaire.

Parce qu'elle est volontaire et enthousiaste, Isabelle Carré se met en péril à chaque rôle. Jusqu'à remettre en cause son désir de cinéma ? «*Après* ***Anna M.*** *je me suis posé la question. Il y avait vraiment l'idée de se jeter à l'eau, et dans l'eau froide, glacée même. On peut rester sur le bord de la piscine et se demander si on ne va pas attendre un peu, que l'eau soit plus chaude pour ne pas risquer l'hydrocution. Mais c'est aussi très excitant de se faire peur, c'est même jouissif.*» Rien ne semble pouvoir la décourager. Sauf peut-être quand elle se découvre sur la toile. Sa seule solution : «*Je m'anesthésie.*»

« Le regard moderne sait voir la gamme infinie des nuances. » Guy de Maupassant n'a pas écrit ces mots pour Isabelle Carré, mais ils disent tout de cette actrice plurielle et singulière.

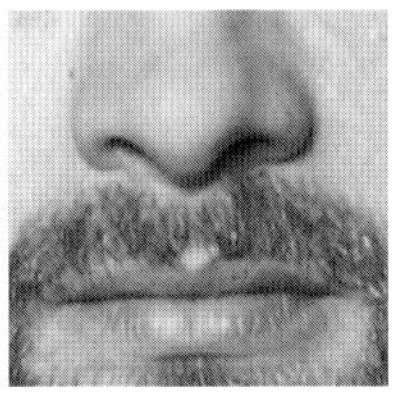

CLOVIS
CORNILLAC

CORNILLAC... CLOVIS CORNILLAC

Supposons que le hasard n'existe pas. Que les coïncidences sont une vue de l'esprit. En revanche, notre nom et notre prénom nous guident invariablement sur un chemin dont il est impossible de se détourner. Clovis Cornillac est un nom d'acteur. Clovis Cornillac est acteur. Et personne ne l'empêchera jamais d'exercer son métier.

Clovis Cornillac pourrait être revanchard. Il laisse ça aux faibles. La frustration comme compagne désignée, très peu pour lui. Clovis Cornillac n'a jamais cessé d'avancer, donc de jouer. Et ce n'est pas forcément le chemin le plus direct qui est le plus rapide. Explication : « *J'ai toujours aimé jouer. L'évidence est là. Où, comment, c'est autre chose. Jouer participe de ma constitution. Si le cinéma n'avait pas voulu de moi, je l'aurais accepté avec fatalité. Je suis plutôt du genre à aller là où on m'aime. Je n'aime pas forcer les portes. Mais je ne me serais jamais arrêter de jouer, ça non.* »

Tout démarre très vite pour ce gamin pas farouche, élevé par des parents comédiens (Myriam Boyer et Roger Cornillac). Clovis Cornillac n'avait que quinze ans quand il fut choisi pour le premier rôle de ***Hors-la-loi*** (Robin Davis, 1985) lors d'un casting improbable (six mois !) Un tremplin ? Pas vraiment… S'il enchaîne les petites expériences, la carrière cinématographique de Clovis Cornillac ne décolle pas réellement. C'est au théâtre qu'il vit ses émotions les plus intenses, notamment quand il joue *Le Mahâbharata* de Peter Brook. « *L'aventure de* **Hors-la-loi** *a été marquante mais unique pendant un bon moment. J'ai enchaîné avec le théâtre et je vis de ce métier d'acteur depuis 23 ans ! Et j'en vis super bien ! Ce qui n'est pas normal ! Tu fais ce métier pour être en marge à la base. Tu te dis que tu boufferas peut-être que dalle mais tu joueras. Moi, je n'ai été que la fille de chance. Dès le départ.* »

Le cinéma, celui que son talent est en droit de revendiquer, pointe à nouveau le bout de son nez en 1999, soit quatorze ans après ***Hors-la-loi***. Une éternité. « *J'ai joué dans* **Karnaval** *de Thomas Vincent, un film dont on a parlé et pour lequel mon travail a été remarqué. Mais derrière, rien. Pas la moindre proposition intéressante. Là, je me suis dit : "le cinéma, c'est définitivement mort".* » Il n'est pas question ici de résignation, juste d'une clairvoyance contemplative sur un monde fait d'apparitions et de disparitions. On peut aussi appeler ça la fatalité.

La suite ne sera pas une affaire de hasard mais bien celle d'un nom, Clovis Cornillac, qui transpire le cinéma. « *Deux ans après* **Karnaval**, *j'arrête le théâtre parce que je ressens un gros coup de fatigue et puis un petit film colle à un autre petit film et ça s'emballe ! Je ne sais pas ce qui détermine cela. Aujourd'hui encore, j'ai de grands projets en prévision mais si ça se trouve, dans deux ans* on dira : *"C'est qui Cornillac ?"* »

De toute façon, Clovis Cornillac n'est pas prêt de tomber aux oubliettes. Il illustre à lui seul le cliché qui divise le cinéma français en deux camps ; les cinéastes auteurs et les réalisateurs populaires. À l'aise chez les premiers (Thomas Vincent, Frédéric Fonteyne, Sam Karmann, Delphine Gleize), il est aussi happé par les seconds (Jean-Pierre Jeunet, Gérard Pirès, Julien Séri). « *Le cinéma dit populaire a une fonction chez moi : c'est que si j'ai vu des films de Godard, c'est d'abord parce que j'ai vu ceux de De Funès. C'est le cinéma populaire qui m'a fait aimer le cinéma d'auteur. Et si, par curiosité, ceux qui m'apprécient dans des films populaires se laissent tenter par des films plus pointus, tant mieux ! Aujourd'hui, j'ai la chance d'être très sollicité et donc, d'avoir le choix.* »

Aujourd'hui, il ne lui manque qu'une seule chose : le temps. Boulimique, ressentant le besoin de travailler pour effacer tout sentiment de culpabilité, Clovis Cornillac enchaîne les rôles. Avec distance. « *Je ne prends aucun plaisir à me voir. Pour une raison bête mais réelle : quand je joue, je suis sûr d'être le personnage, d'être quelqu'un d'autre. Et quand je me vois, je suis sûr que c'est moi. Et c'est très décevant. Je me dis que le film est bien, mais qu'il y a une tache. Et la tache, c'est moi.* »

Quand on s'appelle Clovis Cornillac, même une tache a de la gueule.

PATRICK
GRANDPERRET

EN EAUX TROUBLES

Patrick Grandperret est toujours à contre-courant, n'hésitant pas à se mettre en danger, pour lui et pour les autres. Il est de ces mecs toujours prêts à foncer, mais aussi à assumer. Prendre Patrick Grandperret pour un fou inconscient serait une erreur, un outrage. Il n'hésite pas à louer son talent aux producteurs de télévision, pour tourner et donc vivre. Il n'hésite pas non plus à se lancer tête baissée dans des projets parfois flous au départ (***Mona et moi***, ***L'enfant lion***, ***Les victimes***) et cultes à l'arrivée. Il est le type profondément rock qui a réalisé ***Mona et moi***, mais aussi celui qui s'est lié avec la Gaumont pour tourner ***Les victimes***. C'est pour les autres que ce mélange est bizarre. Pour Grandperret, tout est lié.

DANS LA LUCARNE

«Pour moi, travailler à la télé, sur les épisodes de Valence *par exemple, me permet de tourner. Il faut oublier la notion d'auteur. C'est une dérive qu'a entraîné la Nouvelle Vague : celle que le réalisateur doit être auteur. J'ai aussi réalisé* **Clara cet été-là***, un film TV jamais diffusé… Pourtant, c'est le téléfilm que M6 a le plus vendu à l'étranger. C'est vrai que c'est un film qui échappe un peu au format télé mais ce n'est pas mon intention de départ. J'avais vraiment l'impression d'avoir été bon élève, mais visiblement non ! Je trouve que* **Clara cet été-là** *est d'une grande sagesse. Si j'avais vraiment voulu faire un truc perso, je serais allé plus loin.»*

L'AVENTURE *MEURTRIÈRES*

«Avec **Meurtrières***, je signe surtout un film au casting audacieux, mais aucune télé ne rentre vraiment dans la production !* **Meurtrières** *n'est pas sorti au bon moment et je n'aimais pas le titre. Je n'irai pas voir un film qui s'appelle* **Meurtrières***. Quand j'ai dit ça aux distributeurs, ils se sont marrés. Moi, ça ne me fait pas marrer ! À Cannes, j'ai reçu un prix des mains de Monte Hellman, mais ça n'est jamais apparu sur l'affiche. Pour les distributeurs, sortir un film est un truc banal. Pour moi, sortir un film c'est pas banal, voilà la différence.* **Meurtrières** *est d'abord une commande de Sylvie Pialat car moi je ne l'aurais pas fait. Je savais que c'était un risque, mais je l'ai vécu comme un hommage à Maurice Pialat de qui j'étais très proche pendant cinq ans entre* **Passe ton bac** *et la préparation d'***À nos amours***. En tournant avec Pialat, j'ai appris que l'on n'est jamais mort. Pourtant, je l'ai vu souffrir.»*

TRAVERSÉES DU DÉSERT

«J'ai connu trois traversées du désert. La première après **Courts-circuits** *où j'avais une folle envie de tourner mais personne ne me suivait. Les sept ans avant* **Mona et moi** *ont été très longs. Puis j'ai fait* **L'enfant lion** *qui m'a fait prendre tous les risques financiers que j'ai dû assumer jusqu'à il y a deux ans. Après* **Les victimes** *j'ai été mis presque dix ans à l'index, je sentais le gasoil. Le film a été assassiné par la critique et rejeté par le public. Mais c'était lié aussi à un aspect plus dérangeant : on m'a estampillé traître parce que j'avais fait le film avec Gaumont. On préférait quand j'étais fauché ! Moi, c'était la première fois que j'étais payé pour faire un film !»*

LE CINÉMA POUR TOUJOURS

«Je ne me suis jamais dit que je ne ferai plus de cinéma. Bizarrement, je n'ai jamais pensé que le cinéma était ce qui allait me faire vivre. Ou survivre, car la question se pose comme ça. Je n'ai pas beaucoup de besoins et j'ai des enfants qui ont accepté de voir souvent les huissiers et de faire avec une vie âpre. Des potes m'ont prêté des thunes pour continuer d'avancer. Et je savais que le banquier ne m'appellerait pas le week-end ! Ça a duré quelques années… Jusqu'au jour où un pote, le producteur des Valence *sur TF1, m'a amené à la télé. Il a été un ange gardien qui m'a permis de payer la cantine aux mômes.»*

L'AVENIR

«Si je trouve de l'argent pour mon prochain film, tant mieux ! Mais je m'attends à le tourner avec rien. Avec les nouvelles technologies, ça sera possible. Mais je n'utilise la DV que parce que le sujet s'y prête, je ne veux pas faire un film pour faire un film. Il y aura un parti pris risqué qui m'intéresse : une histoire forte que je ne traite pas, je ne raconte que la chronique, mais qui crée la tension.»

MONA ET MOI

«On me dit que **Mona et moi** *est un film marquant mais moi je, je… Honnêtement, quand tu fais un film, tu ne vois que ce que tu as loupé… Quand je vois* **Mona et moi** *je me dis pas "putain j'ai fait un chef-d'œuvre !"* **Mona et moi** *j'ai mis sept ans à le faire, ça montre quand même que je suis têtu.»*

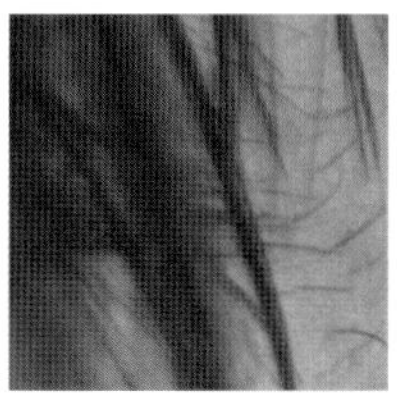

SANDRINE VEYSSET

EN TERRE ET CONTRE TOUS

Plaisir masochiste ou intégrité totale et assumée ? Sandrine Veysset est en marge du cinéma français, depuis le début, depuis son premier film (***Y aura-t-il de la neige à Noël ?***), depuis qu'elle a décidé de raconter l'histoire d'une famille de sept enfants et pas deux, ou trois. Parce que, quand on est encore apprentie réalisatrice, on ne se met pas sept enfants dans les pattes, c'est trop ! Surtout pour les producteurs. Sauf pour Humbert Balsan, son producteur à la vie, à la mort. Elle est restée, lui est parti. Elle continue. Jusqu'à quand ?

Rien ne prédestinait Sandrine Veysset à avoir une caméra entre les mains, à faire des images qui racontent le réel. «*Je viens de la campagne, avec des parents paysans. Le cinéma est arrivé dans ma vie par hasard.*» Elle quitte sa terre natale et prend ses quartiers à Montpellier, pour y poursuivre des études de lettres et d'arts plastiques. Là-bas, un ami qui travaillait sur le tournage des ***Amants du Pont-Neuf*** (Leos Carax) lui donne l'opportunité de bosser sur les décors du film. «*C'est en devenant amie avec Leos qu'est venue l'idée d'écrire un scénario sur la campagne, un sujet qu'on voit peu au cinéma. Puis j'ai rencontré Humbert Balsan, qui a pris le risque de me suivre alors que je n'étais rien. Je n'avais pas réalisé le moindre court métrage.*» Ni vocation, ni expérience, Sandrine Veysset n'est pas dans les clous.

Y aura-t-il de la neige à Noël ?, son premier film, est une fulgurance, un objet né de ses entrailles et de la foi d'Humbert Balsan, producteur de tous les possibles. Refusé par toutes les télévisions, laissé à l'abandon par des producteurs frileux, cet essai a failli ne jamais voir le jour. Ironie de l'histoire, le film a été un franc succès (plus d'un million d'entrées, César de la meilleure première œuvre en 1997). «*Le sujet de mon film pouvait toucher du monde : l'histoire d'une femme et ses enfants, la famille comme laboratoire d'expérimentation sur les liens affectifs. Je n'ai jamais perçu l'audace de mon film alors que c'est un commentaire qui revenait souvent. C'était un rapport très physique à la terre, très instinctif aussi. De toute façon, je n'avais ni les codes ni le langage cinématographiques pour intellectualiser mon premier film.*»

Il est parfois plus difficile de se relever d'un succès que d'un échec. Sandrine Veysset en fera la douloureuse expérience. «*Je ne voulais surtout pas faire* La neige II. *Non pas que je voulais aller contre la volonté des gens, mais je ne voulais pas qu'on entrave ma liberté de faire autre chose. C'est très bien le succès, mais on vous le fait très vite payer. Et comme je ne fais pas les films qu'il faut pour que ça marche…*» Les suivants (***Victor pendant qu'il est trop tard*** et ***Martha… Martha***), toujours produits par Humbert Balsan, connaissent une sortie confidentielle, englués dans la masse des films que l'on condamne avant de leur laisser une chance. Sandrine Veysset sait que son cinéma n'est pas à la mode. Pour une réalisatrice qui n'est pas de son époque, c'est assez cohérent. «*Quand je vois les films qui marchent aujourd'hui, ils ne m'intéressent pas une seconde. Pour moi, c'est le reflet de la connerie ambiante. Je pense à* **Je vous trouve très beau** *par exemple… C'est effrayant. Je ne fais pas mes films contre ça, heureusement ! Mais le fossé s'agrandit. C'est de moins en moins possible de faire des films.*»

Au cinéma, l'avenir s'est toujours écrit en pointillé pour Sandrine Veysset. Depuis la mort d'Humbert Balsan, il est en suspens. «*Après la mort d'Humbert je me suis demandée ce que j'allais faire… J'ai accepté une commande intitulée* **Chronique d'une prise d'otages***, une adaptation du livre de l'institutrice sur Human Bomb, pour me décentrer de mes habitudes. Avec Humbert, on ne se posait pas de questions. On avait une confiance totale l'un en l'autre.*» Sandrine Veysset peut vivre sans le cinéma. «*Je n'ai pas la crainte d'arrêter. Si je pouvais, je ne ferais que de la peinture, mais je ne suis pas assez douée pour cela. Et puis il y a un dégoût pour le cinéma d'aujourd'hui, qui est souvent affligeant. En même temps, le cinéma est le reflet de la société… Le titre d'un film comme* **Pur week-end** *en dit long sur l'état du cinéma et de la société actuellement.*»

Pour l'instant, Sandrine Veysset continue. Mais elle sait aussi qu' «*à moyen ou long terme, ça s'arrêtera. Parce que soit on s'adapte, soit on gicle.*» S'adapter, non mais vous rigolez ?!

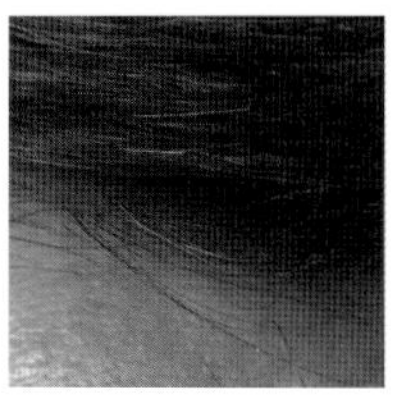

ANTOINE **DE CAUNES**

PROMESSE TÉNUE

« *Le cinéma n'a pas toujours été une évidence pour moi. J'ai commencé par des documentaires en tant qu'assistant réalisateur d'un ancien reporter de guerre, Michel Parbot. Puis pour mes émissions télé, j'ai fait beaucoup de reportages, donc un rapport à l'image très proche et un souci permanent du cadre, du découpage, du mode de narration choisi. Entre temps, j'ai réalisé des pubs, des courts métrages. Puis, en étant acteur, j'ai pénétré au cœur des tournages. Enfin, c'est une rencontre avec Patrick Godot* (producteur) *qui avait les droits des* ***Morsures de l'aube*** *de Tonino Benacquista, et qui m'a proposé de réaliser le film adapté du bouquin. J'ai mis les pieds dans la porte...* », sourit Antoine de Caunes, en racontant l'origine de son parcours de cinéaste.

Lorsqu'il officiait pour le petit écran, Antoine de Caunes était «*the right man in the right place.*» Remember *Nulle part ailleurs* mais aussi *Chorus* ou *Les enfants du rock*, émissions novatrices où le talent d'Antoine de Caunes n'avait pas d'égal. Depuis, celui qui a fait les beaux jours de Canal+ se fait une place au cinéma. Pas seulement en spectateur averti. Acteur, on l'a vu entre autres dans ***Les deux papas et la maman*** (Jean-Marc Longval, 1996), ***L'homme est une femme comme les autres*** (Jean-Jacques Zilbermann, 1998) ou ***Un ami parfait*** (Francis Girod, 2005). Réalisateur, il a fait trois films: ***Les morsures de l'aube*** (2000), ***Monsieur N.*** (2002) et ***Désaccord parfait*** (2005).
À l'image de ses films, toujours très propres, Antoine de Caunes fait tout comme il faut. «*J'essaie d'affiner le trait de ma mise en scène, de mon point de vue de réalisateur. Mon ambition ultime est d'arriver à raconter les choses de la façon la plus simple possible. C'est-à-dire faire en sorte que la mise en scène s'efface. Par exemple, j'ai un cinéaste fétiche qui s'appelle David Cronenberg et qui a fait un film il y a deux ans qui s'appelle* ***A History of Violence****, un chef-d'œuvre absolu. On connaît la virtuosité de Cronenberg, le talent pour filmer de façon tordue des histoires tordues. Quand dans* ***A History of Violence****, il efface tout ça et qu'il s'attache uniquement au cadre en racontant une histoire de la façon la plus épurée possible, là on touche aux nerfs, à quelque chose très proche de la perfection.*»
Antoine de Caunes cherche sa perfection. Au fil de ses expériences, il a réussi la jolie performance d'emmener avec lui plusieurs acteurs accomplis (Gérard Lanvin, Asia Argento, Philippe Torreton, Charlotte Rampling, Jean Rochefort). Si ses films (***Désaccord parfait***, ***Monsieur N.***, ***Les morsures de l'aube***) patinent, son cinéma n'est pas détestable, tout est en construction. Et certaines scènes se vivent comme de petites parenthèses enchantées.
L'ex-enfant du rock a besoin de faire du cinéma. «*C'est sûr, je ne peux pas faire sans.*» Il continuera à travailler et donc, à progresser. Il continuera aussi à explorer son territoire évidemment fertile, à mettre en scène ses idées souvent bonnes et ambitieuses. «*Mon prochain film devrait parler de la candidature de Coluche aux présidentielles. Ce sera une parabole du bouffon qui se fait démonter parce qu'il s'aventure sur le terrain politique. Ce ne sera pas Gérard Depardieu qui jouera Coluche*», rigole-t-il.
Antoine de Caunes est drôle, et son cinéma pavé de bonnes intentions.

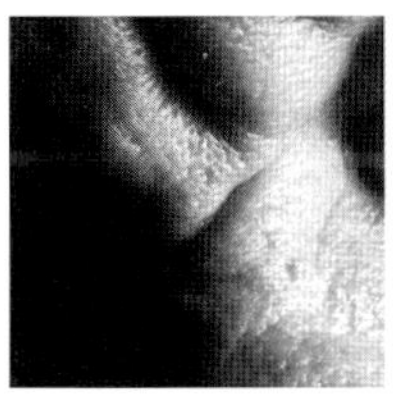

TONY
GATLIF

LIBERTÉ DE CONTRÔLE

Parce que Tony Gatlif porte en lui le désir absolu de liberté, il réalise des films où les espaces s'étalent à perte de vue. Parce que chez Tony Gatlif, les corps sont une matière malléable, dissociée de l'esprit, les personnages de ses films sont toujours en proie à la folie (douce), à la transe (salvatrice). Ils n'ont de limites que celles fixées par la volonté d'un réalisateur décidé. «*Mes films dégagent un parfum de liberté, d'éparpillement, de folie. Mais en réalité, la construction de mes films est très carrée. Je m'impose une rigueur et je ne pars pas dans tous les sens. Ma liberté doit s'exprimer dans un cadre rigoureux.*»

Né un jour de septembre 1948 à Alger, Tony Gatlif a d'abord fait son cinéma, terriblement réaliste, avant de l'apprendre et de le construire. «*Gamin, je vivais dans un bidonville. Mon père, berbère, vivait avec ma mère, gitane. Il travaillait à la construction des routes et il était saoul du matin au soir.*» Tony Gatlif quitte l'Algérie à douze ans et découvre le cinéma quelques mois plus tard, à l'école. «*Les films de Jean Vigo, Chaplin, les films avec Michel Simon…*»

Michel Simon est son idole. Il devient son parrain et rédige une recommandation à l'adresse de son impresario. Tout s'enchaîne: Tony Gatlif foule les planches du TNP dans une pièce d'Edward Bond mise en scène par Claude Régy, écrit son premier scénario (***La rage au poing***), inspiré de ses années passées en maison de redressement puis, en 1975, passe pour la première fois derrière la caméra (***La tête en ruine***, inédit). Le cinéma accueille Tony Gatlif en 1983 avec ***Les princes***, salué par la critique et vécu par le public comme un coup de poing.

Alors, il devient réalisateur. Aux yeux de tous, mais à sa façon. «*Ma conviction de faire du cinéma, comme je l'entends, est en moi depuis mes débuts. Elle ne s'est jamais éteinte. Je n'ai pas changé de route depuis* ***Les princes****, mon premier film. Ce n'est pas le premier chronologiquement, mais le premier qui a été vu et reconnu. C'est à partir de là que ça compte.*» Cette reconnaissance aurait pu amener Tony Gatlif sur des chemins de traverse. Mais si ce n'est pas à un singe que l'on apprend à faire la grimace, ce n'est pas non plus à un baroudeur que l'on apprend à suivre sa route.

Gaspard et Robinson (1990), ***Gadjo Dilo*** (1998), ***Vengo*** (2000), ***Exils*** (2004), ***Transylvania*** (2006), petite sélection parmi les onze films qu'il a tournés depuis ***Les princes***. Autant de prises de risque. «*Je veux gratter l'âme des personnages, aller au bout d'une histoire. Quand je fais un film, je ne pense pas au résultat. Je ne pense même pas à s'il va se finir ou pas.*» Tony Gatlif a-t-il peur de quoi que ce soit? Ne s'est-il jamais senti en danger? «*Je ne me sens plus en danger depuis 1986… Cette année-là, j'ai accepté de faire un film avec des acteurs dont je n'étais pas content. Là, je me suis senti en danger, sans savoir si je continuerai à faire du cinéma. Puis, j'ai recommencé, mais en gardant une phrase en tête: plus jamais ça!*»

La puissance des corps, surtout féminins, et la musique, hypnotique et rageuse, sont au cœur des désirs du cinéaste. On se dit qu'on touche là au plus fort de son cinéma. «*Dans la préparation de mes films, tout est lié; la musique, les personnages, l'histoire, les décors. Tout cela constitue un bloc. Mais je n'écris pas pour les acteurs, ou pour des gens avec qui j'ai envie de tourner. C'est l'histoire qui dicte le projet.*»

L'histoire détermine le cadre. Tony Gatlif le resserre. Et à l'intérieur, la folie opère.

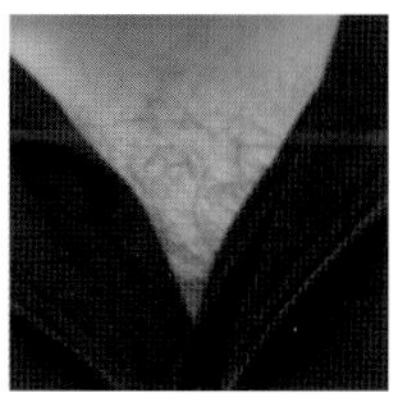

ANTONY
CORDIER

PAS LÀ PAR HASARD

On ne devient pas cinéaste par hasard. Ou alors, celui-ci fait rarement bien les choses. Antony Cordier n'est pas devenu cinéaste par hasard. « *Pour moi, devenir réalisateur a davantage été un problème social.* **Beau comme un camion**, *mon film de fin d'études à La fémis, m'a fait comprendre que je renonçais socialement à être réalisateur.* » À La fémis (l'école nationale supérieure des métiers de l'image et du son), Antony Cordier était monteur. « *Monteur est considéré comme un petit métier du cinéma. D'ailleurs, à La fémis, on était au deuxième sous-sol, dans une pièce sans fenêtre. C'est un métier d'ouvrier du cinéma. Pour moi, devenir réalisateur était aussi un acte de raison sociale.* » Pour Antony Cordier, le cinéma n'est pas une futilité.

Comprendre le chemin qui a mené Antony Cordier à la réalisation est presque impossible sans avoir vu ***Beau comme un camion*** (qui est en bonus du DVD de son long métrage, ***Douches froides***). Issu d'une famille ouvrière, il s'est longtemps interrogé sur la légitimité qu'il avait à faire, et à réussir, des études. «*Il y a une phrase que j'aime bien et qui dit qu'il faut être fier si on se compare et humble si on se considère. J'ai appris le cinéma à l'école et je pense que ça peut se transmettre. Je dois beaucoup à La fémis et j'ai envie de lui rendre.*» Alors, Antony Cordier décide de réaliser son travail de fin d'études, même s'il sortira de La fémis en tant que monteur. «*J'avais vu un film de Dominique Cabrera (***Demain et encore demain***) qui m'avait soufflé. Ça a été mon inspiration.*» Un prélude qui agira comme un double révélateur. Antony Cordier sera metteur en scène et non plus monteur.

La suite s'écrit sur une page froissée juste ce qu'il faut, d'une plume tremblante et volontaire. Dessus est écrit en grosses lettres, comme pour s'en convaincre, ***Douches froides***. Joli titre pour un premier long métrage où les corps sont en sueur. Où s'abandonner n'est pas sans effet, où l'abandon est aussi la conséquence immédiate de cette insouciance adolescente. Cette même insouciance qui semble avoir guidé Antony Cordier dans ses premiers pas de cinéaste. «*Quand je vois* ***Douches froides*** *avec du recul, j'y vois une candeur qui était inhérente au premier film. Ça n'a rien à voir avec l'âge. Cette innocence est maintenant derrière moi.*» Les adultes et les ados s'y côtoient. L'adolescence et ses questions existentielles, l'âge adulte et ses enjeux dramatiques. Le passage de l'un à l'autre, et pour Antony Cordier, d'un premier à un deuxième film. «*Avant de réaliser* ***Douches froides****, je me demandais si j'avais le droit de prendre la parole, si j'avais du talent, une légitimité. Je suis conscient des défauts du film, mais je suis maintenant débarrassé de ses questions existentielles. Il ne reste que les questions dramatiques, et c'est un luxe.*»

Le luxe, Antony Cordier n'y a jamais vraiment goûté. ***Douches froides*** devrait lui permettre de sauter quelques étapes. En théorie. «*Faire un deuxième film, même après un premier qui a eu un petit écho* (nomination aux César dans la catégorie meilleur premier film et Prix Louis Delluc) *n'est pas forcément plus facile. On est dans une économie de production qui mise énormément sur la notoriété du casting. À cet égard,* ***Douches froides*** *est un bon outil pour approcher les acteurs qui peuvent voir mon travail, se rassurer et se laisser porter.*»

Comme pour toute première fois, il faut pouvoir s'en affranchir avant de recommencer. Antony Cordier a écrit les dernières lignes du chapitre ***Douches froides*** en plein cœur de l'été 2006, en Asie. «*À Taïwan, j'ai gagné le prix d'un festival dont le président était Hou Hsiao-hsien. C'était irrationnel. Gagner un prix des mains de Hou Hsiao-hsien et chanter en duo avec lui au karaoké le soir de France-Brésil, c'était idéal pour boucler la boucle de* ***Douches froides***.» Il s'agit maintenant de repartir. Et Antony Cordier n'envisage pas de se presser pour réaliser son deuxième film. Tourner pour tourner, ce n'est pas trop son truc.

«*Je travaille sur différents projets de scénario, dont l'un, qui me tient à cœur, sur l'adaptation d'un roman américain. Ma co-scénariste travaille elle aussi sur une adaptation que je pourrai mettre en scène. J'ai vu récemment un très bon film sur la vanité de la création,* ***La vie de Michel Muller****… Tu vois trois mecs s'enthousiasmer pour une idée à la con et le lendemain, en la relisant, ils se disent: "ouais bof…" C'est exactement ça.*» On n'écrit pas un scénario par hasard.

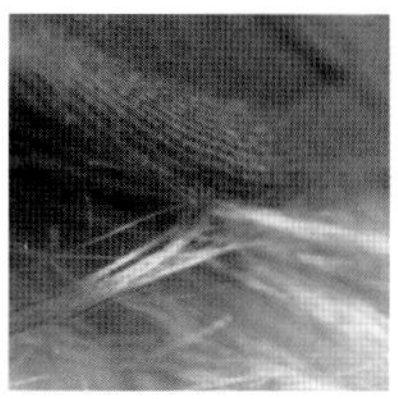

CLAIRE
DENIS

VUE(S) SUR L'INDICIBLE

L'intrus, plan d'ouverture. Une jeune femme. Russe, on le devinera plus tard. Elle déchire la nuit par la seule incandescence de son regard. Sa cigarette prend feu, laissant apparaître l'ombre de l'intrus, qui rôde dans le film comme une âme déchue. Depuis ce premier plan, l'errance habite ceux qui lui ont fait face. À travers ***L'intrus***, Claire Denis rend vite compte de la génèse de ses projets : « *Les films naissent forcément dans ma tête. C'est un acte sensoriel,* » souffle-t-elle. « *Même les idées le sont. J'ai le sentiment que l'idée d'un film est un faisceau de sensations. Pour* ***L'intrus****, j'ai vu le film à travers les yeux de Michel Subor. J'ai fait le voyage étrange d'un homme fatigué qui va vers la mort.* » La mort, l'intrus qui rôde dans chacun des films de Claire Denis.

Impressionnant Michel Subor qui, dans ***L'intrus***, incarne ce père, cet animal blessé en quête d'un fils (une image ?) perdu, incarnation d'une errance sauvage. La caméra de Claire Denis observe la bête et parvient parfois à l'approcher. Comme dans ***Trouble every day***, Claire Denis ne filme pas l'animal qui sommeille en nous, mais celui que nous sommes. « *On ne recherche pas d'images sur un plateau. On les a, elles sont intérieures. Le cinéma est un mouvement, un train qui roule au milieu d'un paysage* », confie-t-elle.

Le cinéma est chevillé au corps de ***Claire Denis la vagabonde*** (ADAV/F For Film, 1996), comme l'avait joliment titré Sébastien Lifshitz dans un portrait vidéo consacré à la réalisatrice. En ouverture de ce portrait, elle disait ceci : « *J'ai déjà répondu à des questions sur l'un de mes films mais jamais par rapport à une perspective de mon travail. Ce qui est troublant, c'est que finalement, j'ai une perception floue de cette perspective ou si vous voulez, je me sens comme un corps gazeux et que tout d'un coup, à l'intérieur de cet entretien, je suis obligée de devenir un corps solide. Alors que je ne me solidifie que dans un film, pendant un court instant et après, je repars à l'état gazeux. Je me sens obligée de donner un sens alors qu'en fait, hors des films, il n'y en a pas.* »

Près de dix ans et quelques films plus tard : « *Je suis embarrassée par moi dans la vie de tous les jours. Je somatise beaucoup. C'est incroyable car dans un film, je deviens d'un coup plus spongieuse. Quand j'ai filmé ma première mort (dans* **S'en fout la mort**), *j'étais mal, confrontée au corps, je voulais vomir. J'étais affollée en voyant les rushes. Je suis en train de vous dire que je suis hystérique, oui peut-être… Un film me vide, c'est une épreuve.* »

Appréhender un film comme une épreuve, l'origine des sensations. Faut-il encore pouvoir s'autoriser à les vivre. « *À New York, après une projection du film, un homme s'est levé et de façon très agressive m'a imposé de lui raconter le film, de lui expliquer son sens. Je ne voulais pas me dire qu'il ne comprenait pas et tant pis. Alors je lui ai raconté. Je crois qu'il s'est senti agressé à son tour. Le lendemain, il est revenu à la deuxième projection. Je pense que c'est parce qu'il avait senti qu'il pouvait détester le film. Son agressivité venait de son envie de se protéger.* »

De ***Trouble every day*** (film cannibale, peut-être le plus symptomatique) à ***Beau travail*** (dont l'ambition, effrayante, a tout ravagé) en passant par ***L'intrus*** ou ***Vendredi soir*** (l'incompréhension entre une cinéaste, le public et le silence), je ressens comme une urgence à parler de la musique, même rapidement. « *Je ne crois pas à l'illustration sonore. La musique fait partie de la matière d'un film. Par exemple, pour* **L'intrus**, *Stuart Staples m'a dit qu'il voulait être la perceuse du film. C'est une sensation peut-être agressive mais il ne voulait pas qu'on s'endorme sur notre relation. Il voulait perforer le film et il avait raison.* »

Impossible de raconter Claire Denis autrement qu'à travers le prisme de ses films. La caméra, les acteurs, son œil, les corps, elle…
Tout est prolongement.

BENOIT
COHEN

RESTONS LIBRES

Quoi qu'il se passe – succès, échecs, (dés)illusions – Benoit Cohen refuse la passivité. Un jour, Claude Chabrol lui a dit : « *Fais des films, tourne, vas-y. Même après un échec, ça ne sert à rien de se prendre la tête. Faut tourner !* » Depuis ce jour, Benoit Cohen garde les paroles de son parrain de cinéma dans un coin de la tête. C'est comme ça qu'après un premier essai (***Caméléone***, 1996), il a enchaîné trois films en quatre ans, ne cédant jamais rien sur le terrain de l'indépendance. « *J'ai trouvé, grâce au cinéma, le plaisir que je cherchais plus jeune dans l'architecture ou la photo. J'aurais aussi adoré être musicien, mais je n'ai malheureusement pas ce talent. Le cinéma me comble pleinement car il permet d'explorer plusieurs formes d'art en même temps : l'écriture, le théâtre, la photographie, la peinture et bien sûr la musique.* »

Jean-Luc Godard a dit beaucoup de choses dont : « *La photo, c'est la vérité. Le cinéma, c'est 24 fois la vérité par seconde.* » Et cette phrase a été une délivrance pour Benoit Cohen, lui qui se sentait frustré par ses études d'architecture. Parti apprendre les métiers du cinéma à l'Université de New York, il rentre avec un court métrage sous le bras, ***There must be some way out of here***. « *Sans le savoir, mon court racontait la même histoire en six minutes que le long métrage que Kaurismaki sortait la même année (**J'ai engagé un tueur** en 1991) et j'ai pu le rencontrer grâce à ça !* »

Benoit Cohen envoie d'autres scénarios et espère, sur la foi du bon bouche à oreille de son film, qu'il aura des réponses. « *Rien. J'ai attendu six mois et j'en ai eu marre. Alors, j'ai monté ma propre maison de production, Shadows films, et j'ai utilisé le capital (25 000 francs) pour faire un autre court, **Goal**, qui a été sélectionné dans de nombreux festivals et qui m'a rapporté assez d'argent pour produire le suivant. La machine était lancée.* » Il faudra désormais plus d'un grain de sable pour l'enrayer.

Avec Alban Guitteny, vieux compagnon de route, Benoit Cohen, s'attaque à son premier long métrage : ***Caméléone***, un polar poisseux qui connaîtra un joli succès critique. « *Paulo Branco* (producteur) *a eu le courage de me suivre. On avait à peine un dixième du budget le dernier jour du tournage. Le financement n'a été bouclé qu'à la fin du montage.* » Le film ne fera pas recette et le tournage avec Chiara Mastroianni reste une expérience douloureuse. « *Je voulais un personnage cassé, mais Chiara pensait trop à son image. Elle n'a pas joué le jeu et n'a pas tenu ses promesses. On s'est fâchés et au moment de la sortie du film, elle n'a fait aucune promo.* »

Benoit Cohen doit rebondir : l'échec de ***Caméléone*** lui ferme les portes du polar. Il ouvrira celles de la comédie. Ce n'est pas un souci pour lui. « *M'essayer à un nouveau genre m'excite terriblement. J'ai toujours eu envie d'explorer différents genres, différents supports, différentes formes. Certains films sont fauchés, d'autres plus confortables, peu importe…* » Avec Éléonore Pourriat, ils envisagent d'abord d'adapter ***Ivanov***, la pièce de Tchekov. Partis dans une maison de campagne avec d'autres potes pour écrire, ils reviendront finalement avec le premier scénario de ***Nos enfants chéris***. « *Mais Canal+ s'est retiré un mois avant le tournage !* »

Parce que le découragement guette au coin du bois, Benoit Cohen propose à ses comédiens de partir trois semaines dans l'Aveyron pour tourner à l'arrache un film en DV, entièrement improvisé, mais avec cette idée de départ : un centre de désintoxication pour acteurs. Ce sera ***Les Acteurs Anonymes***, bel essai sorti en catimini en 2001. Le succès critique de ce petit film résolument indépendant permet à ***Nos enfants chéris*** de finalement voir le jour en 2003. Comédie fine et drôle, ***Nos enfants chéris*** attire plus de 400 000 spectateurs et s'impose comme l'une des belles surprises de l'année. Ironie de l'histoire, Canal+, qui s'était retiré de la production, s'engage pour la suite du film en série télé.

Benoit Cohen enchaîne deux ans plus tard avec ***Qui m'aime me suive***. « *Un vrai échec commercial. Pourtant, j'aime énormément ce film. C'est probablement mon film le plus abouti. La performance d'acteurs d'Éléonore Pourriat et de Mathieu Demy est exceptionnelle. On a voulu y voir la suite de **Nos enfants chéris** alors que c'est tout autre chose…* » Une question se pose : quel est le prix de l'indépendance qui anime son travail depuis près de quinze ans ? « *Produire ses films donne une liberté incroyable, mais le prix à payer est énorme. Les succès sont encore plus excitants, et les échecs encore plus violents. Dans ce second cas il faut être très inventif pour relancer la machine… Mon prochain film, **Les Violettes**, sera encore une expérience très différente. Un film quasi-expérimental où trois actrices jouent tous les rôles…* »

La création dans la contrainte, la liberté qui se gagne chèrement, le désir permanent de tourner, le goût de l'aventure. En un mot comme en cent : l'indépendance.

JEAN-PIERRE MOCKY

MOCKY SE FOUT DE NOUS

S'amusant du pire et se méfiant du meilleur, Jean-Pierre Mocky est l'homme de tous les excès. Il avoue être le père de 17 enfants et de bientôt 61 films. Il dit avoir commencé à faire des enfants à 12 ans et des films à 26 ans. Il a aujourd'hui 74 ans, ce qui fait une moyenne d'un enfant tous les cinq ans et un film tous les huit mois. Ce qui est bien avec Jean-Pierre Mocky, c'est que tout est possible. D'ailleurs, il ne se prive pas de raconter tout et n'importe quoi sous couvert d'une gouaille charmeuse et d'une liberté sans limites. Les films sont à l'avenant du personnage : foutraques, irrévérencieux, drôles, malhonnêtes, misogynes, uniques. Il est vain de vouloir décrypter Mocky, de toute façon il n'en laisse ni le temps, ni l'opportunité. Il parle, devance les silences, décide de quand ça commence et de quand ça finit. C'est parti Mocky-ky !

Acte I. Jean-Pierre Mocky, une vitalité indéfectible. «*Je n'ai jamais songé à arrêter le cinéma. Pour une raison très simple, c'est que quand j'ai choisi ce métier, c'est parce que je ne voulais pas en faire un autre. Je ne voulais pas être notaire, avocat ou j'sais pas quoi. Je voulais faire du cinéma.*» Jean-Pierre Mocky a commencé par être acteur au conservatoire. Il a ensuite joué sous la direction de Jean Cocteau, Michelangelo Antonioni, Luchino Visconti (dont il a aussi été l'assistant), Georges Franju ou Jean-Luc Godard. «*Ah oui! Quand même, hein!*», souligne-t-il. Oui Monsieur Mocky, quand même!

Il passe à la mise en scène en 1959, et signe ***Les dragueurs***. Depuis, il annonce avoir réalisé 61 films. «*Je n'arrêterai pas. C'est un métier où on ne décroche pas. Dans ce métier, c'est la mort qui arrête les gens en plein parcours, sinon on n'arrête pas. Regardez des gens comme Marielle, Oliveira, Hanin, et cætera. Je n'ai pas eu de période sans travailler. En 1967, je me suis arrêté un an. Mais parce que j'étais à Londres pour préparer un film avec Marlon Brando qui ne s'est pas fait. Mais l'année d'après j'ai fait trois films. Le travail ne manque pas.*» L'exercice de son art est finalement la seule entrave à sa liberté.

Acte II. Jean-Pierre Mocky et l'argent. «*Je deviens une vedette de la télé mais ça ne sert strictement à rien. Je ne vends pas plus de livres et les gens ne vont pas plus voir mes films.*» Voilà qui situe le personnage. Jean-Pierre Mocky est un cinéaste itinérant, VRP de ses propres oeuvres, pour qui l'argent est au cœur du système. Il a toujours fait avec ses moyens et s'il n'a que 300 euros en poche, il fera un film pour 300 euros. «*Il y a des types dans le cinéma français, comme Leos Carax, qui ont empêché d'autres mecs de tourner, à cause de tout le fric qu'ils ont gaspillé. Dès qu'on parle de ça, ça me rend fou. Je ne peux pas avoir de sympathie pour les gens qui ruinent le cinéma. Prenez un film comme* ***Arsène Lupin****, il a coûté 22 millions d'euros. C'est toute ma carrière, pour 60 films. Ils font ce film avec Romain Duris que j'aime beaucoup mais qui n'est pas Arsène Lupin. Et le réal* (Jean-Paul Salomé)*, il avait fait* ***Belphégor*** *et on lui redonne des sous pour faire* ***Arsène Lupin****!*» C'est vrai que ça ne se fait pas. Mocky, lui, ça le rend fou.

«*Je suis du clan de ceux qui n'avaient pas de fric, pas de parents ou des parents très pauvres, et qui ne peuvent pas supporter Louis Malle, Carax ou Spielberg qui avaient de belles caméras à treize ans pendant que nous on ramassait des pommes. Ce n'est pas de la jalousie, c'est comme un SDF qui voit passer un mec avec une Rolls. Il est pas content, il s'en fout de la Rolls, il veut juste bouffer, lui.*» Il est question de confort. Et la filmographie de Jean-Pierre Mocky est ce qu'elle est parce qu'il n'a pas travaillé dans le confort. C'est un cinéaste «*en réaction à*», qui marque sa personnalité en «*opposition à*». Et l'argent est son meilleur ennemi.

Acte III. Jean-Pierre Mocky l'inimitable (et c'est peut-être mieux comme ça). Il peut tout dire. On n'est pas forcément d'accord. «*Un film c'est comme une femme. Quand elle est à poil, elle a les fesses plates, les nichons qui tombent alors on lui remonte les fesses, les seins, on la maquille comme une poupée et on la présente au public. Les films c'est pareil, c'est des merdes, des grosses merdes même, et plus c'est une merde plus on le maquille. Les journalistes les premiers.*» On dira que ça fait partie du personnage.

Mocky l'homme, Mocky le showman, Mocky le cinéaste, tout se confond pour ne faire qu'un. S'il ne fallait retenir qu'une chose de Mocky, ce serait son quatrième film, ***Les vierges***. «*C'est un film qui a fait deux millions d'entrées. Mais aucune télé n'a jamais voulu le diffuser. C'est un film pas trop mal.* [Il rigole.]» Peut-être le chef-d'œuvre d'un réalisateur culte, qui se fout de l'unanimité.

Damien Odoul est parfait pour endosser le costume de l'artiste maudit. C'est pourtant une terrible erreur de casting. Bien sûr, ses films ne sont pas anodins. Ils sont la conséquence d'une introspection sans ménagement. Bien sûr, Damien Odoul semble un peu allumé, en marge, hors norme. Mais croire tout cela, c'est vouloir se rassurer, se dire que ce sont les autres qui sont fous. C'est penser que dans son cinéma, tout est sombre et nihiliste parce que le metteur en scène est issu des ténèbres, et que sa théorie est celle du chaos. Issu de la terre, Damien Odoul est un disciple de l'art brut, un électron libre qui met en scène un cinéma en liberté, voire libertaire. « *Je refuse l'image de l'artiste maudit, car je me sens toujours vivant, à la recherche de la lumière. Ceux qui évoquent la figure de l'artiste maudit ne comprennent pas toujours Dostoïevski ou Artaud. Je sais qu'on est dans une civilisation du chaos. Et pour ne pas plonger avec, je préserve une part de vie, qui fait que je peux encore respirer. C'est complètement utopique, mais je veux croire qu'on peut encore donner. Mon propos peut paraître nihiliste mais c'est un nihilisme solaire.* »

Parfaitement autodidacte, Damien Odoul fait le cinéma dont il a rêvé, une nuit de cauchemar : « *je pense faire un cinéma hédoniste et tellurique* », souffle-t-il, lui l'amoureux du burlesque, de la poésie et de l'érotisme. Un cinéma où seul l'engagement total est possible, qu'il soit physique ou intellectuel. Pour une scène du ***Souffle***, son deuxième film, Damien Odoul dit ceci à Pierre-Louis Bonnetblanc, le jeune acteur qui interprète le rôle de David, un gamin de quinze ans qui fait face à la mort : « *Je ne veux pas d'un gars qui joue, je m'en fous. Je veux qu'on y croie dur comme fer. Et moi, je n'y crois pas là. Bien sûr, ça peut suffire... Mais là tu ne me donnes rien !* » Damien Odoul ne peut envisager de calquer son cinéma sur un modèle existant. Il lui faut inventer le sien, le faire naître de ses tripes.

« *Je cadre moi-même, c'est un vrai choix, ce n'est pas pour me cacher derrière la caméra. J'ai besoin de rejoindre l'acteur, d'entrer sur le décor et d'en sortir pour vivre ma propre introspection. Je n'ai pas de combo* (moniteur sur lequel on peut revoir la scène qui vient d'être tournée), *je refuse ça. C'est dans l'œilleton que ça se passe. Le combo, c'est encore une manière de ramener la télé à l'intérieur du projet cinématographique, je trouve ça navrant. C'est le mot... Navrant ! Moi, je fais. Je pourrais soutenir un propos, mais c'est bullshit.* » La concession est laissée au garage. Pour lui, un choix ne se fait pas par défaut, il s'affirme. Voilà pourquoi son cinéma détonne.

Sans filiation ni attache, ses films procurent une sensation irrépressible de vertige. Quelle est alors son inspiration, sa racine ? « *Ma base, c'est l'écriture, la poésie. J'écris depuis vingt-cinq ans, j'ai commencé à treize ans. L'écriture est mon intimité. Les mots sont comme des ricochets qui m'ont connecté à mon imaginaire. J'ai une enfance très solitaire et sauvage, mais pas autiste. Ce n'était pas une fatalité, je cherchais cet état. Ensuite, à quinze ans, il y a un rapport au jeu, par le théâtre. Puis arrive le sens du cadre, par la peinture. Et tout cela m'a conduit au cinéma.* »

Damien Odoul n'a jamais cessé de se mettre en danger, jusqu'à envisager d'arrêter le cinéma. « *La première fois, c'était entre **Morasseix** (1992), mon premier long, et **Le souffle** (2000)... Je n'écrivais pas non plus, j'essayais de survivre. Ça me prenait tout mon temps. La deuxième fois, j'ai quitté la France pour aller vivre dans un cottage en Irlande. Alain Cavalier* (réalisateur), *dont je suis très proche et qui est insomniaque, m'avait appelé la nuit pour m'expliquer pourquoi je n'avais pas le droit d'arrêter. Il m'a dit que j'étais un cinéaste, et que c'est rare. Que je passerai par des moments difficiles et que c'est normal. C'était il y a deux ans, juste après **En attendant le déluge**.* »

Du péril naît le salut. Et du chaos naît l'ordre.

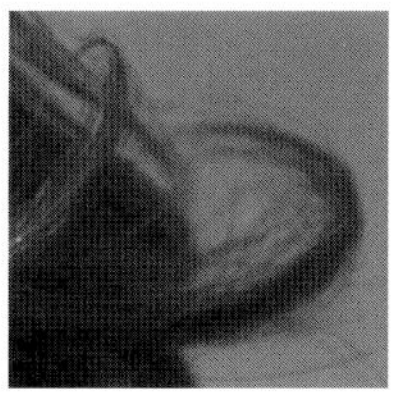

CHARLOTTE
RAMPLING

LA CONFUSION DES SENTIMENTS

Charlotte Rampling est troublante. Dites-le, tout de suite après, vous balbutierez. Écrivez-le et les mots se déroberont, vous laissant là, avec votre page blanche. Pensez-le, vous sentirez le souffle de l'érotisme courir le long de votre nuque. Charlotte Rampling est troublante. Rien à faire, le blocage est total. Extraits d'une rencontre avec Charlotte Rampling, actrice qui «*s'autorise à tout refuser*». Extraits d'une rencontre avec une actrice unique, «*on préfère toujours le penser*», sourit-elle. Extraits d'une rencontre… troublante.

LE KNACK, PREMIÈRE EXPÉRIENCE

« Mon premier film, **Le knack… Ou comment l'avoir ?** (Richard Lester) *a reçu la Palme d'or au Festival de Cannes en 1965. Nous étions trois jeunes femmes à démarrer dans ce film ; Jacqueline Bisset, Jane Birkin et moi. On avait chacune un tout petit rôle. C'était une drôle d'expérience : Cannes, la presse, les photographes, et cætera. Je n'avais même pas vingt ans. »*

REGARD SUR SOI

« Je ne vois jamais mes films. Je ne regarde pas non plus les scènes après les avoir tournées. Je ne sais pas ce que j'ai fait, je ne veux pas savoir ce que j'ai fait. Je le sens. C'est comme si j'étais sourde et aveugle, c'est la sensation qui me guide. C'est troublant de voir sa propre image, je ne crois pas que ce soit quelque chose qu'il faut cultiver. Avant, les réalisateurs refusaient que les acteurs regardent les scènes qui venaient d'être tournées. Et c'était mieux comme ça. »

ÊTRE ET DEVENIR COMÉDIENNE

« Pour moi, le travail de comédienne a toujours été en osmose avec la vie. J'ai toujours agi au feeling, jamais par ambition ou par volonté de travailler à tout prix. C'était une façon un peu expressionniste de travailler. Je n'ai jamais demandé à qui que ce soit de travailler avec moi, j'attends que le désir vienne de l'autre. Je suis incapable de faire les démarches et tout mettre en œuvre pour arriver à ce que je voudrais. »

SPECTATRICE AVERTIE

« J'aime beaucoup ce que je vois au cinéma. Mais je choisis ! Je me dirige toujours vers le cinéma d'auteur ou indépendant, celui qui reflète notre quotidien. Le cinéma reflète le chaos mental actuel. C'est la fonction de l'art : témoigner du réel. Ce n'est pas CNN ou les journaux qui nous disent cela. »

LA QUESTION DE L'IMAGE

« J'ai une image de femme trouble et mystérieuse, c'est ce que je dégage. **Les damnés** *(Luchino Visconti, 1969) et* **Portier de nuit** *(Liliana Cavani, 1973) ont contribué à me donner cette image. Ça ne m'a jamais dérangé, une actrice est une femme qui se dédouble. Bien sûr, cette image a aussi fait ma notoriété. Je suis devenue une actrice capable de porter le financement d'un film. Alors, j'ai refusé beaucoup de rôles, surtout dans des films populaires. J'entends par films populaires des films faits pour plaire au plus grand nombre, dans une idée de consensus. Pas des films exigeants qui deviennent populaires parce qu'ils ont séduit un grand nombre de spectateurs. »*

CACHER CE SEIN…

« Jouer nue ? Non, ça ne me dérange pas… Et puis, comme il faut une scène de nu dans chaque film… [elle sourit] *Voyez mes films !* [elle rit] *Quand j'étais jeune, il n'y avait pas de problème. Maintenant, je dois faire attention. Il faut le bon angle, la bonne lumière, et cætera.* [elle rit] »

UNE PARENTHÈSE DÉSENCHANTÉE

« Non, le cinéma n'a pas toujours été une évidence. Dans les années 90, j'avais l'impression que les films m'éloignaient de ma vraie vie. Je souffrais trop de jouer. C'est une période où j'allais très mal. Je me suis arrêtée. J'ai joué des petites choses comme ça, pour garder le lien, mais ce n'était plus pareil. Je voulais tout arrêter mais je savais que c'était trop difficile. Des gens le font… Mais qu'est-ce que j'aurais fait ? [silence] *Il faut travailler… Le fait d'être regardée m'était insupportable. J'ai dépassé ça et puis après, il y a eu beaucoup de belles rencontres, pour de belles histoires.*
Voilà, on arrête là. »

« **J***e suis acteur peut-être quatre mois par an»* confie-t-il avec un sourire, douce délivrance. «*Quand on devient acteur, la question – qu'est-ce que le métier d'acteur? – ne se pose plus.*» Révélé en 1997 dans ***Nettoyage à sec*** d'Anne Fontaine (César du meilleur espoir masculin), Stanislas Merhar a très vite semé son public. Sans aller à son encontre, il a défié la raison d'un succès programmé; le beau gosse ténébreux s'en est allé pour laisser place à l'intrus. «*C'est un acteur, une personne lunaire et fragile*», dit de lui son metteur en scène dans ***Müetter***, Dominique Lienhardt.
Lunaire et fragile. À quoi ces deux qualificatifs riment-ils? De la fragilité, il semble s'accommoder... Alors lunaire? «*Brisseau* (qui l'a dirigé dans **Les savates du bon Dieu**) *a capté beaucoup de ma naïveté. Par son charisme, sa puissance, il m'a fait accepter l'idée d'être livré à moi-même.*» Stanislas Merhar a beaucoup appris de Jean-Claude Brisseau. Il lui a peut-être même piqué un peu de sa force et de son magnétisme. Stanislas, lui, est un acteur qui ne saurait se définir. Physique quand il vire à l'intellect, extrême et introverti, définitivement insaisissable. En cage, Stanislas Merhar est mort.
«*J'écoute le metteur en scène. Sur un tournage, je suis une éponge. Je reçois et je donne. Avec Chantal Ackerman* (avec qui il a tourné **La captive**)*, je prends tout ce qu'elle me donne et j'interprète. Avec Benoît Jacquot (***Adolphe***), il y a un travail long et méticuleux sur le rapport humain. L'acteur et le réalisateur viennent plus tard.*» Jamais trop tard. Le rapport au temps n'existe pas. Il n'est acteur que quatre mois par an.

Stanislas Merhar a été pianiste. «*J'ai étudié le piano jusqu'à l'âge de 23-24 ans à l'École Normale de Musique à Paris. Puis j'ai abandonné de façon radicale et définitive depuis. J'ai 35 ans. Mon rapport au piano est passionnel et douloureux, je ne peux pas en jouer pour en jouer.*» Il ne peut rien faire pour le faire. Quand on lui propose **Les brigades du tigre**, futur blockbuster à la française, Stanislas Merhar décline l'offre pour partir tourner ***L'âme perdue du sommet*** (réalisé par Timour et Gela Babluani) en Géorgie, film commercialement mort-né.
Stanislas Merhar s'est mis à la dorure sur bois. Puis à l'aquarelle. Et au kendo. «*Voir et faire des films n'est pas ce qu'il y a de plus important dans ma vie*» dit-il sans qu'on puisse lui en vouloir. «*Je suis avant tout musicien. Mon réflexe est d'abord d'écouter de la musique et j'en écoute huit heures par jour. Sans la musique, je suis sec.*» Et sec, comme en cage, il est mort. Ni illuminé, ni sombre, Stanislas Merhar est en prise avec la réalité – sa réalité. À la frontière des genres, il se balade sans contrainte ni limite.
«*C'est un comédien intelligent et instinctif*» dit de lui Gela Babluani, le réalisateur de ***13Tzameti*** et co-réalisateur avec son père de ***L'âme perdue du sommet***. «*Dans le film que j'ai tourné avec mon père, son personnage est l'incarnation de notre sujet: une réflexion sur la mort et sur les choses qui nous sont imposées par la vie. Où les bonnes intentions ne sont pas la garantie de bons résultats.*» Stanislas Merhar se situe là: au seuil de la présence, aux portes de l'absence.
Ni sur un fil, ni équilibriste. Stanislas Merhar est juste insaisissable. Comme la fumée d'une cigarette.

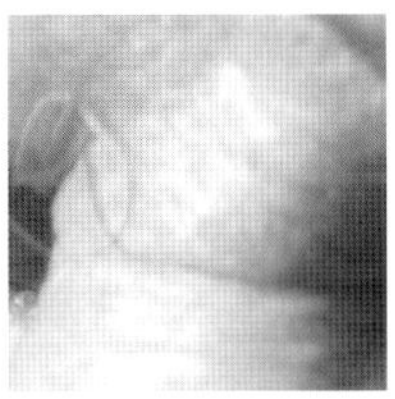

PHILIPPE
NAHON

LA GUEULE DE L'EMPLOI

« *Pour tout bagage on a vingt ans / On a l'expérience des parents / On se fout du tiers comme du quart / On prend l'bonheur toujours en retard* […] *Pour tout bagage on a sa gueule / Quand elle est bath ça va tout seul / Quand elle est moche on s'habitue / On s'dit qu'on est pas mal foutu / On bat son destin comme les brêmes / On touche à tout on dit: "je t'aime" / Qu'on soit d'la Balance ou du Lion / On s'en balance on est des lions.* » (paroles extraites de *Vingt ans*). Cette chanson, Léo Ferré l'a écrite en 1960. En 1960, Philippe Nahon avait vingt-deux ans pour tout bagage, et l'expérience des parents. Une chanson qui fait écho à la vie du bonhomme.

« *À l'école, on te demandait de réciter ta poésie et toi tu faisais : badaba / badaba / badaba. Moi, grâce à mon père, j'y mettais mon âme. Puis il m'emmenait au théâtre et on jouait Cyrano de Bergerac à la maison. Un soir, je lui ai dit : "Papa, plus tard, je serai sur scène." Il m'a répondu : "T'es fou !"* » Son père a vu juste, Philippe Nahon est un peu fou. Quand il décide de quitter l'école, c'est pour jouer au théâtre. « *Je n'ai ni le bac ni le certificat d'études, sur mon carnet militaire est écrit : L.E.C. pour lire, écrire, compter.* » À vingt ans, il joue ses deux premiers spectacles pros, mais il doit s'arrêter. Et partir pour l'Algérie.

Philippe Nahon est un peu fou. « *Là-bas, en Algérie, j'ai monté un spectacle de fin d'année. J'avais demandé une exemption de service de dix jours, pour moi et mes collègues. On l'a fait et sur scène, je me suis payé le culot de chanter devant tout le monde* **Le déserteur**, *a capella.* » Sur le coup, ses supérieurs ont bien réagi. « *Et dès le lendemain, on s'est retrouvés en cabane pour des conneries.* » Philippe Nahon n'est pas rentré intact de cette sale guerre. On ne rentre pas intact d'une guerre. « *Ma mère ne m'a plus vu rire pendant six mois… J'aimerais jouer dans un film qui traite de la guerre d'Algérie, aussi pour exorciser ce que j'ai pu vivre là-bas.* »

À son retour d'Algérie, Philippe Nahon rencontre Jean-Pierre Melville, qui lui offrira son premier rôle au cinéma (***Le Doulos***, 1962). Pas tout à fait le fruit du hasard ; « *Mon père avait des copains proches de Melville.* » Le jeune Nahon attendra huit ans avant de jouer dans un deuxième film (***Les camisards***, 1970). Entretemps, il sillonne la France avec ses potes dans une vieille camionnette, et joue devant tous les publics. Entretemps, son père meurt. « *J'aimerais qu'il soit encore là…* »

Alors, plus que jamais, il met de l'âme dans les textes qu'il dit. Avec la force d'un lion. Cette force qui lui a permis de porter sur ses épaules *le* personnage de sa vie : celui du boucher, d'abord dans ***Carne*** (1991), puis dans ***Seul contre tous*** (1998) de Gaspar Noé. « *Gaspar m'a repéré en voyant ma photo au fichier électronique du spectacle !* »

Ce personnage de franchouillard, haineux, vicieux et rance (si humain qu'il est celui qui nous côtoie au quotidien), Philippe Nahon l'a incarné jusqu'à faire corps avec lui. Mais il sait, depuis sa toute petite enfance, ce que le mot jeu veut dire. « *Moi quand on dit coupez, c'est fini. Heureusement que je suis sorti de ce rôle ! Ça fait presque dix ans et tout le monde continue de m'en parler…* »

Personne n'a oublié. Depuis, Philippe Nahon a la gueule de cet emploi : les tordus, les vilains, les marlous, c'est souvent pour lui. « *Ça m'étonne, surtout des jeunes réalisateurs, qu'ils n'aient pas plus d'audace.* » Il enchaîne : « *Certains réalisateurs te voient barbu, ils ne t'imaginent pas imberbe, ils te voient imberbe, ils ne t'imaginent pas barbu. Quand t'es comédien, tu peux tout faire, bordel ! Moi, je n'ai jamais tué personne avec une scie sauteuse comme dans* **Haute tension**. *Si j'avais eu la vie de mes rôles, faudrait qu'on m'enferme.* » On est toujours un peu prisonnier de sa gueule.

À bientôt 70 ans, Philippe Nahon n'est pas fatigué, loin de là. Il a toujours en lui cette furieuse envie de jouer, mais pas à n'importe quel prix. « *Je ne veux pas servir la soupe. Luc Besson m'avait proposé quatre répliques dans* **Angel-A**. *J'ai refusé. Je veux bien accepter des petits rôles, mais qui peuvent se défendre.* »

Des rôles dans lesquels Philippe Nahon peut jeter son âme. Comme à l'école, quand il récitait ses poèmes.

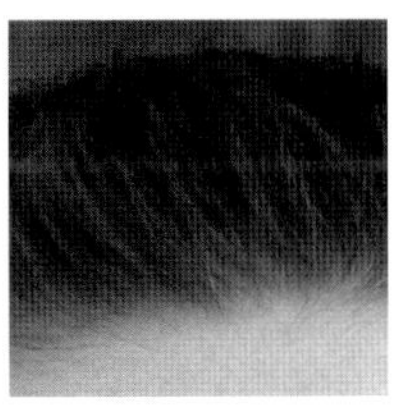

GAËL MOREL

PETIT MANUEL DE LA RADICALITÉ

Les films de Gaël Morel débordent de cette fureur qui anime les puissants. Pourtant dans son cinéma, la puissance n'a rien à voir avec la domination. Sa puissance à lui, c'est celle de la pensée, de la conviction, peut-être même de l'entêtement. Il sait ce qu'il veut et ne cède rien sur le terrain de l'exigence. Gaël Morel, cinéaste des corps, de la lumière et des horizons, ne se sent pas forcément chez lui dans le cinéma français. Il cultive le modèle américain, qu'il rend perceptible dans ses films avec une délicatesse qui confine à l'effacement. S'inspirer, mais ne rien laisser transparaître : du Gaël Morel dans le texte.

BUBBLE GUM

«Dans mon travail, j'essaie de mettre le plus d'intentions possible. Le cinéma est une réalité. Il est réaliste, pas naturaliste. C'est une pose de dire que l'on se fout de la technique. Il faut que la caméra soit à bonne distance. Il faut travailler la lumière. La beauté d'un film passe aussi par la prise en compte de la technique. Si le cinéma est un art, je le vois comme une chanson. Comme de la pop music. J'aime bien dire que ça a l'aspect du bubble gum.»

LE PARI DE L'ÉCRITURE

«Les producteurs ne développent plus de projets originaux ou quand ils le font, c'est d'une manière minable. Ils le font dans l'idée qu'on devrait avoir deux boulots; bosser au MacDo et écrire des scénarios. Quand on fait du cinéma, on ne peut pas vivre comme ça, en faisant deux métiers. Écrire un scénario, c'est un pari. C'est prendre le risque de bosser un an sur quelque chose qui n'aboutira peut-être pas.»

LE MODÈLE AMÉRICAIN

«Si notre centre d'intérêt est le cinéma, alors on est américain. Et je trouve ça ridicule de vouloir se placer au-dessus du cinéma américain. Quand on envisage les deux bouts de la chaîne, films indépendants ou d'auteur et blockbusters, le cinéma américain est une évidence. Je n'ai rien contre le cinéma commercial, mais je suis atterré par le niveau du cinéma commercial français face au cinéma commercial américain.»

LES FAUX ARTIFICES

«Chez les acteurs, l'hésitation ne fait pas vrai. Je déteste les mouvements de cils, d'yeux, du nez ou je ne sais quoi. En Amérique, les grands acteurs jouent avec une grande raideur. Chez Nicole Kidman, par exemple, les yeux, le nez, le front sont fixes et pourtant elle incarne des personnages différents. Je préfère mille fois le glamour, le maquillage, les accessoires que les artifices de jeu qui sont mesquins et prévisibles. J'aime beaucoup les actrices françaises – Fanny Ardant, Sandrine Bonnaire, Isabelle Adjani… Elles sont très intelligentes et glamour, bigger than life.»

QUESTION DE REPRÉSENTATION

«Je viens du milieu ouvrier et quand je vois sa représentation au cinéma, je la trouve béni-oui-oui, socialo-UMP. Ce n'est pas le seul problème de représentation dans le cinéma français: il y a une vraie homophobie. Pas l'homophobie "À mort les pédés!" mais une homophobie plus gauche caviar. C'est la même crapulerie. Et puis, il y a de plus en plus d'acteurs qui refusent des rôles d'homos ou des agents qui bloquent leurs acteurs quand ils pensent que le réalisateur est homo. C'est une régression gravissime.»

DENEUVE COMME DANS UN RÊVE

«C'est Catherine Deneuve qui m'a donné envie de faire du cinéma. Comme je suis autodidacte, je n'ai pas eu d'initiateur, donc je me suis attaché au cinéma pour des raisons presque midinettes. J'ai rencontré Catherine Deneuve sur le tournage des **Roseaux sauvages**. *Quand elle a vu mon premier film (***À toute vitesse***), elle m'a fait comprendre que si un jour, je voulais écrire pour elle, elle ferait tout pour que mon scénario soit développé. J'ai fait l'erreur de croire qu'à partir du moment où elle avait aimé mon film, je pouvais écrire n'importe quoi. Dans la foulée, j'ai vécu une petite traversée du désert parce que j'avais passé beaucoup de temps sur ce scénario, que j'ai eu du mal à lâcher. Pour* **Après lui**, *j'ai écrit le scénario sans jamais penser à Catherine. J'ai découvert une actrice incroyable qui a une technique monstrueuse mais qui, pendant la scène, peut aussi bien aller au miracle qu'à la catastrophe. Tout ce qu'elle fait vient de très loin.»*

ENCORE ACTEUR?

*«Je n'ai jamais eu envie d'être acteur. André Téchiné, c'était le rêve de tourner avec mon réalisateur préféré. Et Laurent Bouhnik (***Zonzon***) avait manifesté une telle envie de me faire tourner que c'était très flatteur de se sentir désiré. Puis j'ai fait un film pour l'argent,* **Le plus bel âge**, *et j'ai failli arrêter le cinéma après car c'était une expérience terrible. Je ne retournerai plus devant une caméra, ou pour des clins d'œil, tout au plus.»*

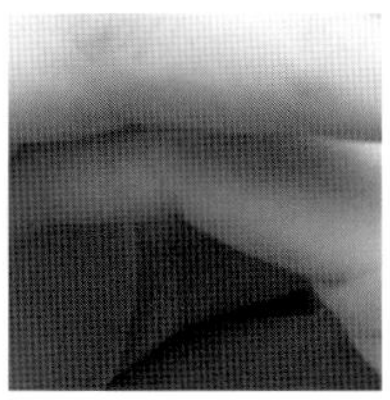

ISILD
LE BESCO

L'ÉVIDENCE

Isild Le Besco a joué dans ***Sade*** de Benoît Jacquot, mais c'est à Montaigne que l'on pense. De l'intransigeance à n'être qu'à ce que l'on fait, dont se réclamait Montaigne dans le livre III des *Essais*, Isild Le Besco est éperdument dépendante. Quand elle joue, elle joue. Quand elle filme, elle filme. Et très sûrement, quand elle danse, elle danse et quand elle dort, elle dort. Dire que c'est le cas depuis sa plus petite enfance n'est pas une expression galvaudée. Premiers pas d'actrice à trois ans (dans un court métrage de sa mère, Catherine Belkhodja, ***Les plumes du lapin***) et premiers pas de réalisatrice à vingt-et-un ans (***Demi-tarif***, film qu'elle a écrit à seulement seize ans), Isild Le Besco n'a pas hésité à défier les lois de la précocité. Et quand elle défie, elle défie.

« *Le cinéma a-t-il toujours été pour vous une évidence ?* » Pour beaucoup d'acteurs ou de réalisateurs, la question est légitime. Si le cinéma est un art qui suscite des vocations, il suscite tout autant de convoitises. Poser la question à Isild Le Besco relève quelque peu de la gageure, on lui sait gré de ne pas trop le relever. « *Ah oui, le cinéma a toujours été une évidence pour moi. Surtout en tant que réalisatrice. C'est même une nécessité. En tant qu'actrice, c'est différent. C'est plus instinctif.* »

Fille de Catherine Belkhodja, belle-fille de Chris Marker, belle-sœur de Luc Besson, sœur de Maïwenn Le Besco, découverte à quinze ans par Emmanuelle Bercot, égérie de Benoît Jacquot, Isild Le Besco a grandi dans un entourage à la cinéphilie possiblement étouffante, un carcan dont elle s'est extraite pour s'inventer un monde, le sien, régi par les seules lois auxquelles elle obéit ; les siennes. Une volonté d'indépendance, d'existence par elle-même, qui ne l'a jamais lâchée. S'il fallait isoler un principe essentiel de son code cinéphile, ce serait celui-ci : avoir toujours une implication sans faille.

« *Je mets ma peau dans chaque film que je fais. Les mots comme les gestes de mes personnages me reviennent tout le temps. Chaque rôle est vraiment inscrit en moi. Quand je vois les films, je ne m'y vois jamais. Je ne vois que les personnages. D'ailleurs, je n'ai aucun problème à voir les films dans lesquels je joue. Je ne me permets pas d'être déçue ou pas. Du moment que j'accepte un rôle, je fais confiance au metteur en scène. Donc, j'assume.* » Et quand Isild Le Besco devient réalisatrice, elle exige la même implication de son équipe, n'hésitant pas à écarter la monteuse professionnelle de ***Demi-tarif*** pour prendre les choses en main. Cette même implication expliquerait qu'elle ne soit pas actrice dans les deux films qu'elle a réalisés à ce jour, ***Demi-tarif*** et ***Charly***. « *Je n'exclus pas de jouer un jour dans un film que je réalise. Ce n'est pas non plus un besoin absolu. J'ai joué dans un de mes courts métrages parce qu'Anémone n'avait pas pu au dernier moment et je me foutais que le rôle soit interprété par quelqu'un de vingt ou cinquante ans. C'était amusant, mais pas définitif.* »

Sa personnalité laisse-t-elle la place au paradoxe ? *A priori* non. Sauf si, par exemple, son intégrité et sa quête permanente d'indépendance lui faisaient refuser un rôle dans un film de l'un de ses deux parents de cinéma, Emmanuelle Bercot et Benoît Jacquot. « *Sur* **Backstage** (Emmanuelle Bercot)*, on s'est demandé si j'étais vraiment faite pour le rôle. D'ailleurs j'ai passé des essais. Mais c'est quelque chose qui se décide ensemble. Et puis, si Benoît ou Emmanuelle ont un désir pour moi, je vois mal pourquoi je n'y cèderais pas. D'ailleurs, si un metteur en scène que j'admire a un désir très fort et qu'il pense que je suis faite pour le rôle, même si je n'en suis pas convaincue, je peux me laisser guider. Je suis très facile à convaincre.* »

Isild Le Besco est une actrice prête à tout, mais pas pour sa carrière. Juste pour les rôles qu'on lui confie et pour ses désirs de jeu. Comme un ami à qui l'on aime tout dire, les cinéastes peuvent lui abandonner un personnage, elle saura en prendre soin. Isild Le Besco est une réalisatrice prête à tout, mais pas pour sa carrière. Juste pour ses désirs de mise en scène. « *Quand j'ai tourné* ***Charly****, j'étais sur un fil mental beaucoup plus tendu que pour* ***Demi-tarif****. Ça m'a demandé beaucoup plus de travail. Et je l'ai réalisé après avoir joué dans* ***Backstage****, un film qui m'avait emmenée quelque part assez loin et perdu. Faire* ***Charly*** *m'a reconstruite…* »

De destruction en reconstruction, les métamorphoses d'Isild Le Besco animent son cinéma. Elles en sont peut-être même le sujet.

RABAH
AMEUR-ZAÏMECHE

ACTEUR DE SON CINÉMA

Dis-moi quels sont tes films, je te dirai qui tu es. Il y a quelque chose de dérisoire dans cette maxime. Pourtant, en l'appliquant au cinéma de Rabah Ameur-Zaïmeche, elle trouve un second souffle. ***Wesh wesh, qu'est-ce qui se passe?*** et ***Bled number one***, les deux films de Rabah Ameur-Zaïmeche, racontent beaucoup de l'homme. Bien au-delà de la part autobiographique. Il est ici question de sensibilité, de brutalité, d'exigence et d'intransigeance. Et l'on se rend compte que ces quatre traits de caractère sont intimement liés. Rabah, lui, en a fait le cœur de son art, pour une greffe réussie avec succès. Il s'adonne à une vision du cinéma *a priori* impossible: celle d'un intellectualiste des sens.

Rien n'est dû au hasard. «*Faire du cinéma est un désir que j'ai depuis que je suis môme. Il y a eu un certain nombre de déterminismes qui ont conditionné ce désir: être le dernier garçon de la famille, choisir le film du soir, dessiner des zorros, des cow-boys et les faire s'affronter. Chez moi, la télé était en noir et blanc, mais je captais la puissance et la force du cinéma. Je percevais une liberté qui me fascinait. C'est peut-être ça qui m'attire le plus dans le cinéma, en dehors de son immense sphère égocentrique.*» Remonter aux origines, faire appel aux sens, intellectualiser son propos puis le dégoupiller avec un sourire aussi charmeur que narquois. Ainsi vit Rabah Ameur-Zaïmeche.

Mais faire du cinéma exige de transcender son désir originel. Rabah Ameur-Zaïmeche a mis au point un plan infaillible. «*Ça remonte à ma stratégie d'enfant: scolarité normale, le bac, puis je me suis demandé ce que je voulais faire. J'aimais le cinéma, mais à l'époque il n'y avait que l'IDHEC. Et comme je n'étais pas quelqu'un de très studieux ni très appliqué, j'ai préféré me diriger vers les sciences humaines. J'ai fait psycho, socio, anthropologie* (études sur la territorialité des minorités en milieu urbain). *Et après, parce que je ne voulais pas être sanctionné par l'Université, j'ai préféré assurer ma formation tout seul en ouvrant des bouquins. Jean-François Richet* (le réalisateur de ***Ma 6-T va crack-er***) *m'avait conseillé un tout petit ouvrage limpide et accessible intitulé* Leçons de mise en scène *d'Eisenstein.*» Un acte fondateur qui a de l'allure, sans doute.

On en est là, à l'affirmation d'un désir. Faut-il encore se donner les moyens de passer à l'action? Rabah Ameur-Zaïmeche a dû faire des choix, s'engager, foncer tête baissée, mais les yeux grands ouverts. «*J'ai créé Sarrazink pour financer* ***Wesh Wesh*** *(2001). Pour cela, j'ai vendu les parts de la société de mon père, puis j'ai fait avec mes fonds de poche. En tout, j'avais 150 barres de l'époque ce qui est colossal pour le commun des mortels et rien du tout pour le cinéma. J'ai préféré les investir dans un film plutôt que dans un bar-tabac.*» On y est.

Wesh Wesh est l'épure du cinéma de Rabah Ameur-Zaïmeche. Une mise en scène ambitieuse et novatrice, le propos au cœur du système mais échappant à tout didactisme, et surtout, le travail des lignes de force au sein d'un cadre toujours réfléchi. Il y a aussi les défauts d'un premier film, qui sont la source dont Rabah Ameur-Zaïmeche se nourrira pour ***Bled number one***, son deuxième film sorti en 2006. «*Mon travail de mise en scène est guidé par la manière d'être tous les jours et par les moyens dont on dispose. C'est beaucoup de doutes et de réflexions en amont et quand on est plongé dans l'action, ça devient plus naturel.*»

Rabah Ameur-Zaïmeche laisse transparaître beaucoup de lui-même dans ses films, au point d'en être l'acteur principal. «*J'ai besoin de participer à l'action qui se déroule devant la caméra. Je me sentirais plus mal à l'aise dans le cas contraire. Pourtant, je me considère piètre acteur. Mais quand j'écris, j'ai besoin d'incarner un personnage.*» Son cinéma demande le même investissement et la même audace aux spectateurs. Le rejet de l'inconséquence et de la facilité aussi. Porte-drapeau d'un courant voulant affirmer le cinéma comme expression artistique radicale? «*Je crois que je suis trop imbécile pour être un quelconque militant. Et j'en suis heureux. Parce que t'es rapidement enfermé dans une structure idéologique dont il est difficile d'échapper par la suite. Je préfère de loin ma solitude. Je ne crois plus tellement au coma de masse et aux révolutions. Ça doit être en nous en permanence. L'outil cinéma est adéquat pour apporter son humanité.*»

Après "dis-moi quels sont tes films, je te dirai qui tu es", osons: "on fait les films que l'on mérite". ***Wesh Wesh*** et ***Bled number one*** sont de belles récompenses.

MATHIEU
AMALRIC

LA PLACE DE CELUI QUI NE SAIT PAS

Et si Mathieu Amalric yoyotait de la touffe ? Et s'il était suffisamment fou pour être l'un des acteurs français les plus stimulants, tout en se voulant cinéaste à tout prix ? Les deux ne sont pas incompatibles, sauf quand, et c'est son cas, il est impossible de se consacrer à l'écriture d'un film tout en étant acteur. « *Je ne suis pas acteur, je fais l'acteur* », nuance-t-il. Mathieu Amalric a le goût de l'incertitude et la fichue manie de fouler des terres inconnues. Finalement c'est un explorateur, et c'est peut-être comme ça qu'il parvient à lier son métier d'acteur à sa nécessité de faire des films. « *J'aime faire des choses que je ne sais pas faire, assouvir mes fantasmes de multiplicité.* » Mathieu Amalric est à la place de celui qui ne sait pas et qui, plutôt que de profiter d'une connaissance chèrement acquise, file voir ailleurs où encore, il ne sait pas.

Les acteurs ne se rendent pas toujours compte de la solitude d'un réalisateur. «*La scène de la cloche dans* ***Andreï Roublev*** *est une métaphore parfaite de la place du cinéaste*» explique Mathieu Amalric. «*C'est un garçon qui prend en charge pour les autres le fait de savoir. Il dit : "Je sais faire une cloche." Donc il passe par un processus de création énorme pour faire cette cloche. À la fin, après une longue attente, oui ! Elle sonne. Le garçon de seize ans, part en courant, se cogne contre Roublev et dit : "Je ne savais pas, je ne savais pas." Il ne savait pas. Quand on fait des films, c'est un peu ça : on est obligé d'être dans une situation où l'on fait face à des gens qui ne cessent de vous poser des questions. On doit être celui qui sait.*» Mais Mathieu Amalric ne sait pas, ne sait rien. Ni si le film sera bon, ni si la cloche sonnera.

Réalisateur de quatre courts et trois longs métrages (***Mange ta soupe***, ***Le stade de Wimbledon***, ***La chose publique***), Mathieu Amalric y injecte sa folie douce, son art du décalage et du burlesque. Dans ses films, l'humour est de l'ordre de l'équilibre. C'est aussi le cas dans ***Le stade de Wimbledon***, son essai le plus épuré. Mathieu Amalric ne fait pas des films comiques, tragiques ou poétiques, il fait des films en espérant que le comique, le tragique ou le poétique surgissent, le prenant lui aussi au dépourvu, lui qui pourtant devrait savoir. «*Mon prochain film racontera un spectacle de filles américaines, les New Burlesque. Des filles qui ont des physiques très différents et qui ont toutes une compétence.*» Pour faire ce film, Mathieu Amalric doit contenir l'acteur qu'il est, contrarié et heureux.

Sollicité cinq ans durant sur des projets qui ne se refusent pas (Desplechin, Bruni-Tedeschi, Klotz, Spielberg, Bonello, Odoul), il a volé du temps pour pouvoir écrire. Son dernier film, ***La chose publique***, est sorti en 2003. Ce n'est pas tenable. «*J'arrête, un temps, de faire l'acteur. J'arrive à refuser des choses irrésistibles : Friedkin, Gitaï, Piccoli, un film avec Johnny Depp… J'ai dit non. Ça pourrait être bien. Mais là c'est comme ça, je fais mon film.*» Évidemment, il n'y fera pas l'acteur. «*Je m'ennuierais si je jouais dans mes propres films.*»

Parce que cette face-là de sa personnalité reste obsédante, retour sur Amalric l'acteur. Il est l'un des comédiens français les plus enthousiasmants, salué par deux César (pour ***Comment je me suis disputé… (ma vie sexuelle)*** et ***Rois et Reines***, Arnaud Desplechin) qui, chez lui, sont posés à terre, sans mépris ni déférence. L'évolution de Mathieu Amalric est saisissante, parler de progression serait hors de propos. Chaque nouveau rôle est pour lui l'occasion d'une nouvelle proposition. Par exemple, le dernier film de Damien Odoul, ***L'histoire de Richard O***. «*Je devais être tout nu : au bout d'un moment ce n'est rien d'être tout nu, c'est même des vacances. Le problème c'est qu'il fallait bander. Comment fait-on pour bander à l'écran ? Je savais même pas qu'un jour, j'allais me poser cette question.*» Voilà ce qui l'excite ; l'inconnu.

Au fil des films, il laisse transparaître sa nature comique et amusée, mais aussi son expression physique, longtemps noyée dans le flot d'une parole maîtrisée. Derrière cette métamorphose ; le travail. «*Comme je ne suis pas acteur, je suis bien obligé de travailler plus que les autres. Ce n'est pas seulement au moment où l'on agit que l'on travaille, c'est tout le temps, ça n'arrête pas. Ils font chier avec l'appellation "intermittents du spectacle", on n'est pas des intermittents, on est l'inverse ! On est des obsessionnels du travail. Mais il faut se méfier de la trop grande préparation, pour que ça ne soit pas congelé. C'est l'abandon et la maîtrise. C'est cela qu'on apprend au fil des films. Se créer un outil qui laisse entrer l'imprévu.*»

Fils de journalistes (maman critique au *Monde*, papa éditorialiste à *Libé*), Mathieu Amalric s'est fait surprendre par le cinéma ; curieux de tout sans se spécialiser en rien, pas complètement en phase avec le monde qui l'entoure. «*Plus on fait du cinéma, plus ça devient passionnant. C'est infini*», sourit celui qui a démarré dans un film d'Otar Iosseliani (***Les favoris de la lune***, 1984). On ne l'imagine pas s'arrêter de faire du cinéma, que ce soit devant ou derrière la caméra.

Mais bon, qui sait ?

JEAN-FRANÇOIS
STÉVENIN

ÇA BRÛLE

Jean-François Stévenin trimballe avec lui toute une histoire du cinéma. Acteur non identifié, mais reconnaissable entre mille, il a joué pour Jacques Rivette, François Truffaut, Jean-Luc Godard, John Huston, Raoul Ruiz, Alain Cavalier, Patrick Grandperret, Éric Rochant, André Téchiné, Jean-Pierre Mocky et tant d'autres. Cinéaste culte, il a fait de son handicap majeur (seulement trois films en 24 ans, un rythme parfaitement kubrickien !) une qualité inébranlable. À 63 ans, un physique à mi-chemin entre Jack Nicholson sorti du bois et monsieur Tout-le-monde, Jean-François Stévenin a déjà eu neuf vies, toutes plus intenses. Et comme le chat, il retombe toujours sur ses pattes.

Jean-François Stévenin n'a joué qu'une seule fois sous la direction de Jean-François Richet. C'était en 2001, pour un film dont le titre sonne comme une ode à la vie de l'acteur : ***De l'amour***. Celui qui brûle, celui qu'il faut oser défier avant d'en vivre la quintessence. Jean-François Stévenin, tout au long d'une carrière longue comme le bras, s'est frotté à cet amour, juste dosage entre passion et déraison. « *Je me suis vraiment brûlé, vraiment grave, une fois. J'étais en désillusion complète, parce que le mec n'aurait pas dû me prendre, parce que j'étais déçu. Ce grand coup, c'était le film de Patrick Bouchitey,* **Lune froide**. *Le tournage a ressemblé au film de façon un peu excessive. Mec qui fait la gueule, en crise toute la journée, le Bouchitey.* » Il dit ça sans aigreur, le Stévenin.
Parce qu'au fil de ses vies multiples, vécues comme autant d'aventures, grandes ou petites, belles et obscures, il s'est toujours confronté au risque de se livrer sans savoir ce qu'il y a derrière le rideau. Se laisser surprendre, improviser, jouir d'une liberté jamais plus forte que lorsqu'elle s'exprime au sein d'un cadre rigoureusement défini. Voilà qui pourrait résumer sa politique de cinéaste. « *Quand on me dit que mes films donnent l'impression d'être improvisés par une bande de potes, tant mieux ! Tant mieux si l'on dit cela. Mais c'est pas du tout comme ça ! Pour avoir ce sentiment de liberté que peuvent dégager mes films, il faut une rigueur extrême. Parce que ce n'est ni basé sur le texte, ni sur les paysages, ni sur les effets spéciaux. Surtout, il faut sentir le film.* »
Passe-Montagne (1978), ***Double messieurs*** (1986), ***Mischka*** (2002) : trois films en 24 ans. Ce temps qui passe s'explique aussi simplement que cela : on ne peut pas renouveler tous les deux ans l'audace, l'énergie, la rigueur qui font le cinéma façon Stévenin. « *C'est très juste. Tu ne tournes pas pareil si tu sais que tu vas faire un film l'an prochain.* [silence] *Ah ouais, on est sur un bon truc là…* [silence] *Quand on est porté par un film qu'on vient de mettre en scène, on veut en faire un autre, mais comme on sait qu'on est seul, c'est compliqué. Moi, je n'ai pas dix histoires dans la tête à part des vieux fantômes comme adapter Céline. C'est dur d'écrire une histoire. C'est épuisant, juste d'entamer le chemin d'un projet. Moi j'ai plein d'idées sur Céline, j'habite à côté de chez Lucette, sa femme, c'est pour ça que je suis à Meudon. Ça fait vingt ans que ça tourne dans ma tête… Mais j'ai peur d'un truc : me lancer dans un projet et ne pas arriver au bout.* » Une brûlure, la seule peut-être, que Jean-François Stévenin ne se sent pas prêt à supporter.
Acteur, on croit l'avoir vu partout. On parierait qu'il a joué au moins une fois avec tous les cinéastes de la Terre. Et dans tous les genres de cinéma possibles. On l'imagine boulimique, dépendant, amoureux fou de son métier. Et ce depuis toujours. « *Je ne me suis rendu compte que récemment que j'aimais faire l'acteur. Quand j'ai quatre répliques dans un petit truc, ça me prend toute la journée. J'aime ça. À chaque fois que je reviens d'un tournage, ça me stimule. Il se passe des trucs, j'ai des envies d'écriture.* »
Stévenin, c'est dix anecdotes de tournage à la seconde, une fascination sans borne pour tous les corps de métier du cinéma, un besoin permanent de vie sur les plateaux. « *Quand il n'y a pas cette énergie sur un tournage, c'est une souffrance. Ça m'est arrivé sur des téléfilms par exemple. Ça m'angoisse de me sentir seul sur un film.* » Il a besoin de sentir le monde, de partager une expérience vécue par tous. À propos de ***Mona et moi***, le grand film de Patrick Grandperret, son frère de cinoche : « *Ce film on l'a répété pendant cinq ans ! Puis on l'a fait en six semaines ! Quelque temps après la sortie du film, Johnny Sanders et d'autres mecs du film sont morts et je ne voulais plus entendre parler de* ***Mona et moi***. *Quinze ans plus tard, j'ai revu le film avec ma fille dans un festival et on a frissonné… Grandperret, lui, ne se rend toujours pas compte que ce film, son film, est une claque.* »
Jean-François Stévenin vit le cinéma comme ça, à vif. Et tant mieux si ça brûle.

Biographies & Filmographies

■ AÏSSA MAÏGA

Née le 25 mai 1975 à Dakar (Sénégal). Aïssa Maïga a vécu au Sénégal jusqu'à l'âge de quatre ans. Après s'être débarrassée de sa culpabilité d'être actrice, Aïssa Maïga s'est investie dans son métier avec passion et exigence. On l'a vue dans des seconds rôles très différents. 2006 a marqué un tournant dans sa carrière: le film ***Bamako***. C'est aussi l'année de son premier film comme réalisatrice et d'un très beau rôle dans un téléfilm, ***Une famille parfaite***. De plus en plus sollicitée, Aïssa Maïga est à l'affiche de plusieurs films à venir. Dans l'un d'eux, elle sera flic. « *C'est bizarre d'être flic, hein ?* » souffle-t-elle. On la croit sur parole.

Filmographie sélective: *Caché* (Michael Haneke, 2005), *Les poupées russes* (Cédric Klapish, 2005), *Bamako* (Abderrahmane Sissako, 2006), *Paris je t'aime* (segment signé Olivier Schmitz, 2006) comme actrice. *Il faut quitter Bamako* (2006) comme réalisatrice.

■ JEAN-PIERRE DARROUSSIN

Né le 4 décembre 1953 à Courbevoie (France). Jean-Pierre Darroussin a été révélé en 1989 par un grand film générationnel, ***Mes meilleurs copains*** (Jean-Marie Poiré). Acteur de théâtre, aussi, il aime l'idée d'appartenir à une troupe, de construire une relation sur la durée, comme en témoigne sa fidélité à Robert Guédiguian, Jean-Pierre Bacri, Agnès Jaoui et Jeanne Labrune... Acteur populaire à la filmographie soignée, Jean-Pierre Darroussin est un personnage à part du cinéma français. En 2006, il passe à la mise en scène et signe ***Le pressentiment***, un film touchant et à contretemps. À l'image du bonhomme.

Filmographie sélective: *Dieu vomit les tièdes* (Robert Guédiguian, 1989), *Un air de famille* (Cédric Klapisch, 1996), *Le Poulpe* (Guillaume Nicloux, 1998), *Qui plume la lune?* (Christine Carrière, 1999), *C'est le bouquet!* (Jeanne Labrune, 2002), *Marie-Jo et ses deux amours* (Robert Guédiguian, 2002), *Feux rouges* (Cédric Kahn, 2004), *J'attends quelqu'un* (Jérôme Bonnell, 2007) comme acteur. *Le pressentiment* (2006) comme réalisateur.

■ LUC MOULLET

Né le 14 octobre 1937 à Paris (France). Personnage hors normes et décalé, Luc Moullet a été critique aux *Cahiers du Cinéma* dès 1955. Comme beaucoup de ses collègues (Godard, Truffaut, Rohmer...), il a fait ses premiers films en même temps qu'il exerçait son travail de critique. Très vite, Luc Moullet s'est fait remarquer par son art du contretemps, sa maîtrise du burlesque et de la comédie, son sens de la dérision, sa finesse d'analyse mais aussi par un phrasé et une voix qui lui sont propres. Et unique.

Filmographie sélective: *Brigitte et Brigitte* (1966), *Anatomie d'un rapport* (1975), *Genèse d'un repas* (1978), *Barres* (1984), *La comédie du travail* (1987), *Essai d'ouverture* (1988), *Parpaillon* (1992), *Les naufragés de la D17* (2002).

■ NATACHA RÉGNIER

Née en 1973 à Ixelles (Belgique). Le cinéma était pour Natacha Régnier un fantasme de jeune fille qui a pris corps en 1995, quand Alexandre Arcady lui offre un petit rôle dans ***Dis-moi oui***. Un an plus tard, Pascal Bonitzer la choisit pour jouer le personnage de Catherine, dans ***Encore***. Avec ***La vie rêvée des anges***, Natacha Régnier est révélée au monde. Depuis, elle tient une filmographie impeccable et se lance à corps perdu dans les projets qui ont sa confiance. Timide dans la vie, elle est capable de tout pour incarner un personnage. Et bientôt peut-être, elle mettra à mal cette timidité en réveillant la réalisatrice qui sommeille en elle.

Filmographie sélective: *Encore* (Pascal Bonitzer, 1996), *La vie rêvée des anges* (Erick Zonca, 1998), *Comment j'ai tué mon père* (Anne Fontaine, 2001), *Vert paradis* (Emmanuel Bourdieu, 2001), *Demain on déménage* (Chantal Ackerman, 2004), *Le Pont des Arts* (Eugène Green, 2004), *Ne fais pas ça!* (Luc Bondy, 2004), *La raison du plus faible* (Lucas Belvaux, 2006).

■ JALIL LESPERT

Né le 11 mai 1976 à Paris (France). C'est en accompagnant son père à un casting pour un court métrage que Jalil Lespert éprouve ses premières sensations d'acteur. Quatre ans plus tard, pour sa prestation dans ***Ressources humaines***, il reçoit le César du meilleur espoir masculin. Depuis, Jalil Lespert enchaîne les rôles, faisant autant appel à son sens de la composition qu'à son naturel. Des metteurs en scène aussi différents que Robert Guédiguian, Alain Resnais ou Xavier Beauvois s'intéressent à lui. Il vient de réaliser son premier long métrage, ***24 mesures***.

Filmographie sélective: *Nos vies heureuses* (Jacques Maillot, 1998), *Ressources humaines* (Laurent Cantet, 1999), *Vivre me tue* (Jean-Pierre Sinapi, 2002), *Pas sur la bouche* (Alain Resnais, 2003), *L'ennemi naturel* (Pierre-Erwan Guillaume, 2003), *Virgil* (Mabrouk el Mechri, 2004), *Le petit lieutenant* (Xavier Beauvois, 2004) comme acteur. *Coffee and dreams* (court métrage), *De retour* (court métrage) et *24 mesures* (2007) comme réalisateur.

■ LAMBERT WILSON

Né le 3 août 1958 à Neuilly-sur-Seine (France). Fils de Georges Wilson, Lambert est élevé dans l'amour du théâtre. Très vite, il va se passionner pour le cinéma et se fera connaître du grand public avec son interprétation de l'abbé Pierre dans ***Hiver 54***. Puis, il va s'essayer à tous les genres (comédies, fantastiques, polars, drames) et visiter le cinéma qui se fait hors de France. Lambert Wilson est aussi un homme de théâtre, de chant, de danse; un vrai touche-à-tout.

Filmographie sélective: *Hiver 54* (Denis Amar, 1989), *Matrix Revolutions* et *Reloaded* (Frères Wachowski, 2003), *Palais royal!* (Valérie Lemercier, 2005), *Cœurs* (Alain Resnais, 2006), *Dante 01* (Marc Caro, 2007).

■ ROMANE BOHRINGER

Née le 14 août 1970 à Pont-Saint-Maxence (France). Pour Romane Bohringer, tous les films ont une importance, comme chaque minute d'une vie vécue à plein régime. On ne naît pas fille de Richard sans un heureux héritage. Romane Bohringer rêvait très tôt d'être un maillon de la chaîne de création d'un film ou d'une pièce. Révélée par ***Les nuits fauves***, elle est l'une des actrices françaises les plus vigoureuses, au théâtre comme au cinéma. Sa fougue et son désir intacts devraient la conduire dans d'autres aventures toujours surprenantes. Ainsi va le parcours de Romane Bohringer.

Filmographie sélective: *Les nuits fauves* (Cyril Collard, 1992), *Mina Tannenbaum* (Martine Dugowson, 1994), *Quelque chose d'organique* (Bertrand Bonello, 1998), *Nos enfants chéris* (Benoit Cohen, 2003), *L'éclaireur* (Djibril Glissant, 2004), *Lili et le baobab* (Chantal Richard, 2006), *C'est beau une ville la nuit* (Richard Bohringer, 2006).

■ JEAN-CLAUDE BRISSEAU

Né le 17 juillet 1944 à Paris (France). Pendant près de vingt ans, Jean-Claude Brisseau a enseigné le français dans un collège de la banlieue parisienne. Il tourne son premier film en 1975 (***La croisée des chemins***). Depuis, il a réalisé onze autres films qui explorent les affres de l'adolescence, décortiquent les mécanismes de la violence, décryptent le pouvoir du sexe et de l'émoi sensuel.

Filmographie sélective: *De bruit et de fureur* (1988), *Noce blanche* (1989), *L'ange noir* (1994), *Choses secrètes* (2002), *Les anges exterminateurs* (2006).

■ MATHIEU DEMY

Né le 15 octobre 1972 à Paris (France). Mathieu Demy a d'abord vécu le cinéma comme un héritage (il est le fils de Jacques Demy et Agnès Varda). Au fil des rencontres (Antoine Desrosières, Orso Miret, Benoit Cohen, Michel Deville, Émilie Deleuze, et cætera) et à la faveur de ses choix toujours exigeants, Mathieu Demy est devenu l'un de comédiens français les plus enthousiasmants. Il y a chez lui un hommage permanent au burlesque et un sens aigu du tragi-comique. Après avoir réalisé deux courts métrages, il prépare son premier long.

Filmographie sélective: *Kung fu master* (Agnès Varda, 1987), *Jeanne et le garçon formidable* (Ducastel et Martineau, 1998), *Quand on sera grand* (Renaud Cohen, 2001), *Nos enfants chéris* (2003), *Le silence* (Orso Miret, 2004) comme acteur. *Le plafond* (2000), *La bourde* (2005) comme réalisateur.

■ SARA FORESTIER

Née le 4 octobre 1986 à Copenhague (Danemark). Ses parents vadrouillaient et c'est à Copenhague qu'ils ont posé leurs bagages quelques jours, le temps d'accueillir leur petite Sara. Très vite, ils sont revenus à Paris. Et très tôt, Sara Forestier a ressenti l'envie de jouer la comédie. C'est en accompagnant une amie à un casting qu'elle a été repérée. ***L'esquive*** est le film qui l'a révélée au grand public et pour lequel elle a obtenu un César du meilleur espoir féminin. Depuis, Sara Forestier a notamment joué dans ***Hell***, adaptation fiévreuse et clinquante du roman de Lolita Pille. Et ce n'est que le début.

Filmographie sélective: *L'esquive* (Abdellatif Kechiche, 2004), *Un fil à la patte* (Michel Deville, 2005), *Hell* (Bruno Chiche, 2006), *Quelques jours en septembre* (Santiago Amigorena, 2006).

■ CHRISTOPHE HONORÉ

Né en avril 1970 à Carhaix (France). Christophe Honoré est écrivain avant d'être cinéaste. Auteur de livres pour enfants, mais aussi pour adultes, il a également été journaliste et scénariste. Christophe Honoré est arrivé au cinéma avec ***17 fois Cécile Cassard***. Un premier film qui marque son attirance pour des acteurs dont les corps, la voix et les mouvements en font des personnages romanesques. Il a réalisé trois autres films qui font appel à sa cinéphilie et à son amour pour la littérature (Salinger, Bataille). Quel sera son prochain terrain d'expression?

Filmographie: *17 fois Cécile Cassard* (2002), *Tout contre Léo* (TV, 2002), *Ma mère* (2004), *Dans Paris* (2006), *Les chansons d'amour* (2007).

■ ENKI BILAL

Né le 7 octobre 1951 à Belgrade (ex-Yougoslavie). Enki Bilal est né dans la Yougoslavie de Tito. Il quitte son pays à l'âge de 10 ans pour rejoindre son père en France. L'approche novatrice de son art, le dessin, va lui valoir très vite les louanges et sollicitations de ses pairs. Enki Bilal est de ceux qui ont fait exploser les codes de la bande dessinée. Au cinéma, il a réalisé trois films, tous très ambitieux, dérangeants et inégaux. Début 2007, il a réalisé un quatrième film, ***Ciné-monstre***, montage de ses trois films, sur lequel Goran Vejvoda (musicien) joue en *live* une composition originale.

Filmographie: *Bunker Palace Hôtel* (1989), *Tykho Moon* (1997), *Immortel* (2004), *Ciné-monstre* (2007).

ANTOINE CHAPPEY

Né le 29 juin 1960 à Paris (France). Musicien et bouquiniste, Antoine Chappey a été embarqué par Patrick Grandperret dans la folle aventure de ***Mona et moi***. Il s'est pris au jeu, mais il ne s'est jamais entièrement consacré au cinéma. Sa filmographie (plus de 40 films) a fière allure pour l'un des seconds rôles les plus en vue du cinéma français. Aujourd'hui, Antoine Chappey continue son petit bonhomme de chemin et se montre aussi à l'aise aux puces, sur un tournage ou dans son entrepôt de livres.

Filmographie sélective: *Mona et moi* (Patrick Grandperret, 1989), *Pour rire* (Lucas Belvaux, 1996), *Le rocher d'Acapulco* (Laurent Tuel, 1996), *Je rentre à la maison* (Manoel de Oliveira, 2001), *On appelle ça... le printemps* (Hervé Le Roux, 2001), *Les jours où je n'existe pas* (Jean-Charles Fitoussi, 2003), *Le petit lieutenant* (Xavier Beauvois, 2005), *Cache-cache* (Yves Caumon, 2005).

JEANNE BALIBAR

Née le 13 avril 1968 à Paris (France). Jeanne Balibar, fille du philosophe Etienne Balibar et de la physicienne Françoise Balibar, a d'abord eu un parcours universitaire exemplaire (Sport-Etudes danse, khâgne, École Normale Supérieure, maîtrise d'Histoire, Cours Florent, Conservatoire National Supérieur d'Art Dramatique). Actrice de cinéma et de théâtre, Jeanne Balibar est aussi chanteuse *(Paramour, Slalom dame)*. Elle a déjà joué dans plus de trente films, notamment sous la direction de Jacques Rivette ou encore d'Olivier Assayas.

Filmographie sélective: *J'ai horreur de l'amour* (Laurence Ferreira-Barbosa, 1997), *Dieu seul me voit* (Bruno Podalydès, 1998), *Fin août, début septembre* (Olivier Assayas, 1999), *Va savoir* (Jacques Rivette, 2001), *Le stade de Wimbledon* (Mathieu Amalric, 2002), *Ne touchez pas la hache* (Jacques Rivette, 2006).

RAPHAËL NADJARI

Né en juin 1971 à Marseille (France). Raphaël Nadjari a vécu à Marseille jusqu'à l'âge de 13 ans. Puis il est parti à Strasbourg, revenu à Marseille puis re-Strasbourg et Paris et New York puis Tel-Aviv. Aujourd'hui, il partage son temps entre Paris et Tel-Aviv. Tous les deux ans, il présente un nouveau film (souvent sélectionné à Cannes), monté dans une économie resserrée et laissant une grande place à l'improvisation (maîtrisée) et au questionnement (point central de sa filmographie). Lui qui estime toujours recommencer à zéro, prépare son sixième premier film, ***La vraie nature de Lothar***.

Filmographie: *The Shade* (1999), *I am Josh Polonski's Brother* (2000), *Apartment #5C* (2002), *Avanim* (2004), *Tehilim* (2007).

DENIS LAVANT

Né le 17 juin 1961 à Neuilly-sur-Seine (France). C'est par la rue que Denis Lavant apprend la comédie. Élève de la rue Blanche puis du Conservatoire, c'est sur les planches qu'il commence à s'exprimer, dirigé entre autres par Antoine Vitez, Pierre Pradinas, ou Bernard Sobel. Leos Carax lui offre son premier grand rôle au cinéma dans ***Boy meets girl***. S'en suit une relation presque fusionnelle et deux films d'écorchés vifs (***Mauvais sang*** et ***Les amants du Pont-Neuf***). Depuis, Denis Lavant alterne entre théâtre et cinéma avec une implication totale. Et chaque rencontre avec un metteur en scène implique la nécessité de «*définir un code esthétique, un climat, un regard*».

Filmographie sélective: *Mauvais sang* (Leos Carax, 1986), *Mona et moi* (Patrick Grandperret, 1989), *Les amants du Pont-Neuf* (Leos Carax, 1991), *La partie d'échecs* (Yves Hanchar, 1994), *Beau travail* (Claire Denis, 1999), *Tuvalu* (Veit Helmer, 1999), *Camping sauvage* (Christophe Ali et Nicolas Bonilauri, 2005), *Mister Lonely* (Harmony Korine, 2007).

JACKIE BERROYER

Né le 24 mai 1946 à Reims (France). Jackie Berroyer a joué de son talent au cinéma, dans la musique, sur scène, dans la presse, à la télévision, partout et nulle part. Son air de ne pas y toucher, son dilettantisme, son sens du verbe, sa folie mâtinée de contrôle de soi (l'inverse est possible) font son style si... particulier. Ses interventions au standard de feu *Nulle part ailleurs*, ses envolées dans *Charlie Hebdo*, ses livres aux titres fleuris (par exemple, *La femme de Berroyer est plus belle que toi, connasse*) et ses rôles au cinéma dans ***Encore*** ou ***Calvaire*** ont marqué les esprits. Et comme une partie du jeune cinéma français l'adore, il est indémodable.

Filmographie sélective: *Les gens normaux n'ont rien d'exceptionnel* (Laurence Ferreira-Barbosa, 1993), *Encore* (Pascal Bonitzer, 1996), *Caméléone* (Benoit Cohen, 1996), *Tempête dans un verre d'eau* (Arnold Barkus, 1997), *Je ne vois pas ce qu'on me trouve* (Christian Vincent, 1997), *Le clan* (Gaël Morel, 2004), *Calvaire* (Fabrice du Welz, 2005).

FLORENCE LOIRET-CAILLE

Née le 26 juin 1975 à Paris (France). Florence Loiret-Caille a grandi en Indonésie, où elle a vécu jusqu'à l'âge de 17 ans. À son retour en France, Florence Loiret-Caille s'est révélée actrice. Remarquée par Benoît Jacquot, elle a déjà tourné sous la direction de Brigitte Roüan, Michael Haneke, Claire Denis, Jérôme Bonnell ou Xavier Giannoli. Actrice intuitive et généreuse, elle aime sentir la puissance d'un plateau de tournage, s'abandonner dans le jeu et vivre chaque film comme une expérience unique.

Filmographie sélective: *Sa mère la pute* (Brigitte Roüan, 2000), *Code inconnu* (Michael Haneke, 2000), *Trouble every day* (Claire Denis, 2001), *L'ennemi naturel* (Pierre-Erwan Guillaume, 2004), *L'intrus* (Claire Denis, 2005), *Une aventure* (Xavier Giannoli, 2005), *J'attends quelqu'un* (Jérôme Bonnell, 2007).

■ BENOÎT DELÉPINE

Né le 30 août 1958 à Saint Quentin (France). À l'origine de tout, il y a une volonté, une seule : « *Je voulais faire de la BD. Je ne savais pas bien dessiner. Alors j'essaye d'y arriver sans.* » Benoît Delépine est pendant six ans auteur pour les *Guignols* puis il rejoint le Groland où il devient le seul et unique Michael Kael. Son personnage est au cœur de son premier film de cinéma, ***Michael Kael contre la World News Company*** (réalisé par Christophe Smith). Six ans plus tard, Benoît Delépine revient plus fort, au bras de son collègue Gustave Kervern.

Filmographie : *Michael Kael contre la World News Company* (1998), *Aaltra* (2004), *Avida* (2006).

■ GUSTAVE KERVERN

Né le 27 août 1962 à Curepipe (Ile Maurice). Gustave Kervern commence par la télévision, notamment sur l'émission *Le plein de super* avec Bruno Solo et Yvan le Bolloc'h. Puis il rejoint le Groland en 1999, où il rencontre Benoît Delépine. Il y officie en tant que débiteur de boisson, où quelque chose comme ça. Avec Benoît Delépine, ils vont s'adonner à des séries de sketches cultes (les Cont'enquêtes et surtout Toc, toc, toc). C'est tout naturellement qu'ils se lanceront dans un premier long métrage, puis deux, puis bientôt trois et peut-être quat'...

Filmographie : *Aaltra* (2004), *Avida* (2006).

■ ISABELLE CARRÉ

Née le 28 mai 1971 à Paris (France). C'est par la danse qu'Isabelle Carré a pris goût à la scène. Et par le théâtre qu'elle a pris goût au jeu. Révélée par le film de Philippe Harrel (***La femme défendue***), pour lequel elle obtient plusieurs prix (dont le César du meilleur espoir féminin et le prix Romy Schneider), Isabelle Carré se passionne pour le cinéma. Sollicitée par des réalisateurs d'univers très différents, elle surprend à chaque rôle et son travail est très souvent salué par le public, la critique et les professionnels de la profession. Son goût de la découverte et des rôles singuliers devrait la conduire vers d'autres aventures cinématographiques inattendues.

Filmographie sélective : *La femme défendue* (Philippe Harrel, 1997), *Mercredi folle journée* (Pascal Thomas, 2001), *Se souvenir des belles choses* (Zabou Breitman, 2002), *Les sentiments* (Noémie Lvovsky, 2003), *Eros thérapie* (Danièle Dubroux, 2004), *Quatre étoiles* (Christian Vincent, 2006), *Cœurs* (Alain Resnais, 2006), *Anna M.* (Michel Spinosa, 2007).

■ CLOVIS CORNILLAC

Né le 16 août 1967 à Lyon (France). Clovis Cornillac n'a pas attendu longtemps avant d'être en haut de l'affiche. À quinze ans, il est choisi pour le premier rôle du film de Robin Davis, ***Hors-la-loi***. Clovis Cornillac attend longtemps (près de quinze ans) avant d'être rappelé par le cinéma. Depuis, il est devenu une figure incontournable au point d'être Astérix dans le troisième volet des aventures du meilleur copain d'Obélix. Clovis Cornillac est aussi un homme de théâtre, qui a joué notamment sous la direction d'Alain Françon ou Peter Brook.

Filmographie sélective : *Hors-la-loi* (Robin Davis, 1985), *Karnaval* (Thomas Vincent, 1999), *À la petite semaine* (Sam Karmann, 2003), *La femme de Gilles* (Frédéric Fonteyne, 2004), *Scorpion* (Julien Séri, 2007).

■ PATRICK GRANDPERRET

Né le 24 octobre 1946 à Saint-Maur (France). Motard de cœur, Patrick Grandperret est un cinéaste à la trajectoire sinueuse. Entre traversées du désert, films cultes, piges pour la télévision et projets de grande ampleur, il s'est essayé à tous les formats. Très proche de Maurice Pialat, Patrick Grandperret est également « frère de cinoche » de Jean-François Stévenin. Enfin cadreur, scénariste, monteur, réalisateur et producteur, il a porté pas mal de casquettes qui font de lui un personnage incontournable du cinéma français.

Filmographie sélective : *Courts-circuits* (1980), *Mona et moi* (1989), *L'enfant lion* (1992), *Les victimes* (1996), *Clara cet été-là* (téléfilm, 2002), *Meurtrières* (2006).

■ SANDRINE VEYSSET

Née le 29 mars 1967 à Avignon (France). Sa première expérience de cinéma, Sandrine Veysset l'a connue sur le tournage des ***Amants du Pont Neuf***. C'est là qu'elle rencontre Leos Carax et se décide à écrire le scénario de ***Y aura-t-il de la neige à Noël ?***, produit par Humbert Balsan. Premier film et grand succès. Sandrine Veysset poursuit dans ses films suivants son étude des rapports humains, toujours étroitement liée à la question de la famille, avant que la mort d'Humbert Balsan ne marque un temps d'arrêt. Son prochain film est l'adaptation d'un fait divers, Human Bomb, la prise d'otage dans une école de Neuilly en 1993.

Filmographie : *Y aura-t-il de la neige à Noël ?* (1996), *Victor pendant qu'il est trop tard* (1998), *Martha... Martha* (2001), *Chronique d'une prise d'otages* (2008).

■ ANTOINE DE CAUNES

Né le premier décembre 1953 à Paris (France). La télé, le cinéma sont d'abord une histoire de famille (fils de Georges de Caunes et de Jacqueline Joubert et père d'Emma de Caunes). Antoine de Caunes commence sa carrière à la télévision (*Rapido, Nulle part ailleurs,* et cætera) puis glisse vers le cinéma.

Filmographie sélective: *L'homme est une femme comme les autres* (Jean-Jacques Zilbermann, 1998), *Au cœur du mensonge* (Claude Chabrol, 1999) comme acteur. *Désaccord parfait* (2006) comme réalisateur.

■ TONY GATLIF

Né le 10 septembre 1948 à Alger (Algérie). Tony Gatlif arrive en France au début des années 60 et frappe un premier coup en 1975 (***La tête en ruine***). C'est avec ***Les princes*** qu'il se fera vraiment connaître. Chantre d'un cinéma enjoué et nerveux, fou et douloureux, Tony Gatlif a réalisé quatorze autres films, autant de voyages à travers les peuples et les sens.

Filmographie sélective: *Les princes* (1982), *Latch drom* (1992), *Gadjo Dilo* (1998), *Exils* (2004), *Transylvania* (2006).

■ ANTONY CORDIER

Né le 17 février 1971 à Tours (France). Antony Cordier a appris le cinéma à La fémis et s'est fait une place dans le milieu par la seule force de cet apprentissage. Monteur à ses débuts, il est devenu cinéaste après la réalisation de son film de fin d'études ***Beau comme un camion***. Son premier long métrage, ***Douches froides***, a remporté plusieurs prix et révélé trois acteurs quasi-inconnus (Johan Libéreau, Pierre Perrier et Salomé Stévenin). Il prépare actuellement son deuxième long métrage.

Filmographie: *Beau comme un camion* (court métrage, 1999), *La vie commune* (court métrage, 2001), *Douches froides* (2005).

■ CLAIRE DENIS

Née le 21 avril 1948 à Paris (France). Claire Denis a passé son enfance au Cameroun. De retour en France, elle sort diplômée de l'IDHEC en 1972. Elle est l'assistante de réalisateurs tels Rivette, Jarmush ou Wenders. Depuis son premier film en 1987 (***Chocolat***), elle a mis en scène dix-sept autres films, qui parlent aux corps.

Filmographie sélective: *S'en fout la mort* (1990), *US Go Home* (1994), *Beau travail* (2000), *Vendredi soir* (2002), *L'intrus* (2005).

■ BENOIT COHEN

Né le 25 mars 1969 à Paris (France). Benoit Cohen a d'abord voulu être architecte, puis photographe. De plus en plus attiré par le cinéma, il passe un an à l'Université de New York et rentre avec un court métrage. De retour en France, il réalise d'autres courts métrages puis quatre longs métrages. Benoit Cohen a également tourné des documentaires dont ***L.A. Confidences*** (1999) portrait de l'écrivain américain James Ellroy, co-écrit avec François Guérif.

Filmographie sélective: *Caméléone* (1996), *Les Acteurs Anonymes* (2001), *Nos enfants chéris* (2003), *Qui m'aime me suive* (2005)

■ JEAN-PIERRE MOCKY

Né en 1933 à Nice (France). Jean-Pierre Mocky (né Jean-Paul Adam Mokiejewski) vit pour le cinéma depuis toujours. D'abord comme acteur, puis comme réalisateur. Il est l'un des cinéastes français les plus prolifiques et les plus médiatiques. Jean-Pierre Mocky a dirigé de nombreux acteurs, dont Michel Serrault, Catherine Deneuve, Jean Poiret, Fernandel, Bourvil… Jean-Pierre Mocky a 74 ans et des projets en pagaille: plusieurs films sont en préparation et après la fermeture du Brady, son cinéma mythique, il envisage d'ouvrir avec Woody Allen «*de petites salles de 50 places où l'on projettera des films en DVD. On va faire ça avec l'argent du Brady.*» À suivre…

Filmographie sélective: *Les dragueurs* (1959), *Les vierges* (1962), *À mort l'arbitre* (1983), *Le miraculé* (1987), *Mocky Story* (1991), *Vidange* (1998), *Le furet* (2003), *Grabuge!* (2005) comme réalisateur.
Orphée (de Jean Cocteau, 1949), *Deux sous de violette* (de Jean Anouilh, 1951), *Les vaincus* (de Michelangelo Antonioni, 1952), *La tête contre les murs* (de Georges Franju, 1958) comme acteur.

■ **DAMIEN ODOUL**

Né le 15 mars 1968 au Puy (France). «*Je suis un fils de prolo issu de la campagne*», dit-il pour se décrire en quelques mots. Damien Odoul est aussi poète et artiste autodidacte. Tour à tour estampillé vagabond, globe-trotter, punk, franc-tireur… à part. Avec cinq longs métrages (dont le premier, ***Morasseix***, réalisé à seulement 23 ans) et onze courts, sa filmographie est fournie et donne à voir toute la diversité de son travail. Son dernier film, ***L'histoire de Richard O.*** se nourrit de trois «couleurs» qui lui sont chères: l'érotisme, le burlesque et la poésie.

Filmographie sélective: *La douce* (court métrage, 1988), *Morasseix* (1992), *Sans monde* (court métrage, 2000), *Le souffle* (2000), *Errance* (2000), *En attendant le déluge* (2003), *L'histoire de Richard O.* (2007)

■ **CHARLOTTE RAMPLING**

Née le 5 février 1946 à Strumer (Angleterre). Charlotte Rampling vit depuis 25 ans en France. Davantage que pour un film précis (elle a tourné avec plusieurs réalisateurs majeurs), Charlotte Rampling s'est fait connaître grâce à son image de femme (actrice) trouble et mystérieuse. À ce jour, François Ozon est le seul metteur en scène avec qui elle a tourné deux films. Depuis ses débuts (1965), Charlotte Rampling a joué dans plus de 50 films.

Filmographie sélective: *Les damnés* (Luchino Visconti, 1969), *La chair de l'orchidée* (Patrice Chereau, 1975), *Stardust Memories* (Woody Allen, 1980), *Max mon amour* (Nagissa Oshima, 1986), *Sous le sable* (François Ozon, 2001), *Vers le sud* (Laurent Cantet, 2005).

■ **STANISLAS MERHAR**

Né le 23 janvier 1974 à Paris (France). Pianiste de formation, il est repéré en 1996 lors d'un casting sauvage pour ***Nettoyage à sec***, d'Anne Fontaine. Sa prestation lui vaudra un César du meilleur espoir masculin en 1997. Depuis, il a joué dans une quinzaine d'autres films.

Filmographie sélective: *Les savates du bon Dieu* (Jean-Claude Brisseau, 2000), *La captive* (Chantal Ackerman, 2000), *Adolphe* (Benoît Jacquot, 2002), *Un monde presque paisible* (Michel Deville, 2002).

■ **PHILIPPE NAHON**

Né le 24 décembre 1938 à Paris (France). Philippe Nahon a découvert la poésie, l'amour des textes et du théâtre grâce à son père. En 1991, il rencontre Gaspar Noé, cinéaste avec lequel il tournera ***Carne*** et ***Seul contre tous***, ses deux films majeurs. Acteur aimé des jeunes cinéastes, il multiplie les premiers films. Investi dans chacun de ses rôles, Philippe Nahon est capable de tout. Il a joué dans plus de 40 films, et l'on n'est pas au bout de nos peines!

Filmographie sélective: *Le Doulos* (Jean-Pierre Melville, 1962), *Seul contre tous* (Gaspar Noé, 1999), *Calvaire* (Fabrice du Welz, 2004), *Virgil* (Mabrouk El-Mechri, 2005).

■ **GAËL MOREL**

Né le 25 septembre 1972 à Lacenas (France). Acteur remarqué dans ***Les roseaux sauvages*** d'André Téchiné (1994), Gaël Morel avait 22 ans. Seulement deux ans plus tard, il réalise son premier long métrage, ***À toute vitesse***, un titre symbolique. Cinéaste de bande (Nicolas Cazalé, Stéphane Rideau, Élodie Bouchez, Thomas Dumarchez), Gaël Morel réalise ensuite trois films pour autant d'aventures. ***Après lui*** est son cinquième long métrage, mais le premier avec une tête d'affiche, Catherine Deneuve.

Filmographie sélective: *À toute vitesse* (1996), *Premières neiges* (1999), *Les chemins de l'Oued* (2003), *Le clan* (2004), *Après lui* (2007).

■ **ISILD LE BESCO**

Née le 22 novembre 1982 à Paris (France). On connaissait les enfants d'la balle, Isild Le Besco est une enfant d'la toile. Plongée dès son plus jeune âge dans l'univers du cinéma, elle joue d'abord dans des films de sa mère, Catherine Belkhodja. Puis, à huit ans, elle interprète le rôle de Hermine dans ***Lacenaire*** de Francis Girod. Depuis, Isild Le Besco n'a pas arrêté de jouer, notamment pour Emmanuelle Bercot et Benoît Jacquot. Elle est aussi la réalisatrice de deux longs métrages. Et ce n'est sûrement que le début d'une longue aventure cinéphile…

Filmographie sélective: *La puce* (Emmanuelle Bercot, 1998), *Roberto Succo* (Cédric Kahn, 2001), *À tout de suite* (Benoît Jacquot, 2004), *Backstage* (Emmanuelle Bercot, 2005), *Camping sauvage* (Christophe Ali, 2006), *L'intouchable* (Benoît Jacquot, 2006) comme actrice. *Demi-tarif* (2004) et *Charly* (2007) comme réalisatrice.

■ RABAH AMEUR-ZAÏMECHE

Né le 25 juin 1966 à Beni-Zid (Algérie). Arrivé en France (Cité des Bosquets en région parisienne) à l'âge de deux ans, Rabah Ameur-Zaïmeche ressent très tôt la puissance et la force du cinéma. Parfaitement autodidacte, il se donne les moyens de réaliser son premier film (***Wesh Wesh qu'est-ce qui se passe ?***) qui connait un joli succès d'estime. Quatre ans plus tard, il réalise ***Bled number one,*** qui peut se voir comme le prequel ou la suite de ***Wesh Wesh***. Rabah Ameur-Zaïmeche prépare son troisième film.

Filmographie: *Wesh Wesh qu'est ce qui se passe?* (2002), *Bled number one* (2006).

■ MATHIEU AMALRIC

Né le 25 octobre 1965 à Neuilly sur Seine (France). Mathieu Amalric a mis un pied dans le monde du cinéma pour des raisons concrètes : avoir accès au travail, l'envie de gagner sa vie, faire quelque chose de ses mains et de sa tête. Être acteur est venu beaucoup plus tard, avec l'intrusion dans sa vie d'Arnaud Desplechin (***La sentinelle***, 1992). Depuis, Mathieu Amalric enchaîne les rôles sans jamais faire celui de trop. Mais il se sent avant tout réalisateur. «*Mais vous savez tout ça ? Ouais, non ? Ouais…* », s'amuse-t-il. Maintenant oui, on le sait.

Filmographie sélective: *La chasse aux papillons* (Otar Iosseliani, 1992), *Comment je me suis disputé… (ma vie sexuelle)* (Arnaud Desplechin, 1996), *Dieu seul me voit* (Bruno Podalydès, 1998), *Un homme, un vrai* (Arnaud et Jean-Marie Larrieu, 2003), *Rois et Reines* (Arnaud Desplechin, 2004), *Munich* (Steven Spielberg, 2005), *Fragments sur la grâce* (Vincent Dieutre, 2006) comme acteur. *Mange ta soupe* (1997), *Le stade de Wimbledon* (2001), *La chose publique* (2003) comme réalisateur.

■ JEAN-FRANCOIS STÉVENIN

Né le 23 avril 1944 à Lons-le-Saunier (France). Assistant réalisateur sur les films de François Truffaut, Jean-François Stévenin s'est très vite pris d'amour pour la technique, les ambiances de tournage, le travail d'équipe. Jean-François Stévenin n'a attendu que huit ans après ses débuts pour réaliser son premier film (***Passe-Montagne***). Il a réalisé deux autres longs métrages (***Double messieurs*** et ***Mischka***) et a multiplié les expériences en tant qu'acteur, dans des films ou des téléfilms. Un sujet l'obsède depuis toujours : adapter Céline au cinéma.

Filmographie sélective: *L'enfant sauvage* (François Truffaut, 1970), *À nous la victoire* (John Huston), *Y a-t-il un Français dans la salle* (Jean-Pierre Mocky, 1982), *Mona et moi* (Patrick Grandperret, 1989), *Lune froide* (Patrick Bouchitey, 1991), *Les patriotes* (Eric Rochant, 1994), *Capitaine Achab* (Philippe Ramos, 2006) comme acteur.
Passe-Montagne (1978), *Double messieurs* (1986), *Mischka* (2002) comme réalisateur.

Index | par **noms** / par **films**

Index / par noms

Index / par noms

Index / par films

Index / par films

Cet ouvrage n'aurait pas pu voir le jour sans le soutien de :

Philippe Gaudron
Anne Conesa
Stéphane Libs
Flore Tournois
Laurence Algret
Bernard Roth
Fanny Lépine
Marie-Claude Roth
David Harter
Fred Lichtenberger
Roland Ohlenbusch
Adeline Noffy
Frédéric Jurd
Véronique Archer
François-Xavier Taboni
Sarah Jechalke
Stéphanie Charvieux
Audrey Chazoule
Séverine Zimmer
Catherine van der Veen
Mehdi Lafifi
Nathalie Dosmas
Catherine Berna
L'équipe de CUT
Sophian
Aurore Petit
Jean-Baptiste L'Herron
J.A. van der Veen
Karolyne Leibovici
Pascal Coquis
Éric Sublon
Alegria Dupriez

à mon père, Roland Sublon